世界名人非常之路

普希金

俄国诗歌的太阳

方士娟◎编著

中国社会出版社

国家一级出版社·全国百佳图书出版单位

"世界名人非常之路" 编委会

写在前面的话

　　著名学者培根说："用伟大人物的事迹激励我们每个人，远胜于一切教育。"

　　的确，崇拜伟人、模仿英雄是每个人的天性，人们天生就是伟人的追星族。我们每个人在追星的过程中，带着崇敬与激情沿着伟人的成长轨迹，陶冶心灵，胸中便会油然升腾起一股发自心底的潜力，一股奋起追求的冲动，去寻找人生的标杆。那种潜移默化的无形力量，会激励我们向往崇高的人生境界，获得人生的成功。

　　浩浩历史千百载，滚滚红尘万古名。在我们人类历史发展的进程中，涌现出了许多可歌可泣、光芒万丈的人间精英。他们用挥毫的笔、超人的智慧、卓越的才能书写着世界历史，描绘着美好的未来，不断创造着人类历史的崭新篇章，不断推动着人类文明的进步和发展，为我们留下了许多宝贵的精神财富和物质财富。

　　这些伟大的人物，是人间的英杰，是我们人类的骄傲和自豪。我们不能忘记他们在那历史巅峰发出的洪亮的声音，应该让他们永垂青史，英名长存，永远纪念他们的丰功伟绩，永远作为我们的楷模，以使我们未来的时代拥有更多的出类拔萃者，以便开创和编织更加绚丽多姿的人间美景。

　　我们在追寻伟人的成长历程中会发现，虽然每一位人物的成长背景各不相同，但他们在一生中所表现出的辛勤奋斗和顽强拼搏精神，则是殊途同归的。这正如爱默生所说："伟大人物最明显的标志，就是他们拥有坚强的意志，不管环境怎样变化，他们的初衷与希望永远不会有丝毫的改变，他们永远会克服一切障碍，达到他们期望的目的。"同时，爱默生又说："所有伟大人物都是从艰苦中脱颖而出的。"

　　伟大人物的成长也具有其平凡性，关键是他们在做好思想准备进行人生不懈追求的过程中，从日常司空见惯的普通小事上，迸发出了生命的火花，化渺小为伟大，化平凡为神奇，

获得灵感和启发，从而获得伟大的精神力量，去争取伟大成功的。这恰恰是我们每个人都要学习的地方。

正如学者吉田兼好所说："天下所有的伟大人物，起初都很幼稚而有严重的缺点，但他们遵守规则，重视规律，不自以为是，因此才成为一代名家，成为人们崇敬的偶像。"

为此，我们特别推出"世界名人非常之路"丛书，精选荟萃了古今中外各行各业具有代表性的名人，其中包括政治领袖、将帅英雄、思想大家、科学巨子、文坛泰斗、艺术巨匠、体坛健儿、企业精英、探险英雄、平凡伟人等，主要以他们的成长历程和人生发展为线索，尽量避免冗长的说教性叙述，而采用日常生活中富于启发性的小故事来传达他们成功的道理，尤其着重表现他们所处时代的生活特征和他们建功立业的艰难过程，以便使读者产生思想共鸣和受到启迪。

为了让读者很好地把握和学习这些名人，我们还增设了人物简介、经典故事、年谱和名言等相关内容，使本套丛书更具可读性、指向性和知识性。

为了更加形象地表现名人的发展历程，我们还根据人物的成长线索，适当配图，使之图文并茂，形式新颖，设计精美，非常适合读者阅读和收藏。

我们在编撰本套丛书时，为了体现内容的系统性和资料的翔实性，参考和借鉴了国内外的大量资料和许多版本，在此向所有辛勤付出的人们表示衷心谢意。但仍难免出现挂一漏万或错误疏忽，恳请读者批评指正，以利于我们修正。我们相信广大读者通过阅读这些世界名人的成长与成功故事，领略他们的人生追求与思想力量，一定会受到多方面的启迪和教益，进而更好地把握自我成长的关键，直至开创自己的成功人生！

人物简介

❧ 名人简介 ❧

亚历山大·谢尔盖耶维奇·普希金（Александр Сергеевич Пушкин，1799～1837），俄国著名的文学家、伟大的诗人、小说家及现代俄国文学的创始人。

普希金是 19 世纪俄国浪漫主义文学的主要代表，同时也是现实主义文学的奠基人，现代标准俄语的创始人，被誉为"俄国文学之父""俄国诗歌的太阳"。

普希金 1799 年 6 月 6 日出生于莫斯科一个家道中落的贵族家庭。他一生倾向革命，与黑暗专制进行不屈不挠的斗争。

他的思想与诗作，曾几度引起沙皇俄国统治者的不满和仇恨，他因此被两度流放。但他始终不肯屈服，最终在沙皇政府的阴谋策划下与人决斗而死，年仅 38 岁。

他在浓厚的文学氛围中长大。童年时代，他由法国家庭教师管教，接受了贵族教育，8 岁时已可以用法语写诗。家中藏书丰富，广交文学名流。他的农奴出身的保姆常常给他讲述俄罗斯的民间故事和传说，使得他从小就领略了丰富的俄罗斯语言，并且对民间创作产生了浓厚的兴趣，同时还会当时上流社会崇尚的法语。

1811 年，普希金进入贵族子弟学校学习，年仅 12 岁就开始了其文学创作生涯。

1815 年，在中学考试中他朗诵了自己创作的《皇村怀古》，表现出了卓越的诗歌写作才能。特别是他诗作韵文的优美和精巧得到了广

泛的赞誉。

在早期的诗作中，他效仿浪漫派诗人巴丘什科夫和茹科夫斯基，学习 17～18 世纪法国诗人安德烈·谢尼埃的风格。在皇村中学学习期间，他还接受了法国启蒙思想的熏陶并且结交了一些后来成为"十二月党人"的禁卫军军官，使他反对沙皇专制、追求自由的思想初步形成。

普希金毕业后到彼得堡外交部供职。在此期间，他深深地被以后的"十二月党人"及其民主自由思想所感染，参与了与"十二月党人"秘密组织有联系的文学团体"绿灯社"，创作了许多反对农奴制、讴歌自由的诗歌，如《自由颂》（1817 年）、《致恰达耶夫》（1818 年）、《乡村》（1819 年）。

1820 年，普希金创作童话叙事长诗《鲁斯兰与柳德米拉》。故事取材于俄罗斯民间传说，描写骑士鲁斯兰克服艰难险阻战胜敌人，终于找回了新娘柳德米拉的故事。

普希金在诗中运用了生动的民间语言，从内容到形式都不同于古典主义诗歌，向贵族传统文学提出挑战。

普希金的这些作品引起了沙皇政府的不安，1820 年他被外派到俄国南部任职，这其实是一次变相的流放。在此期间，他与"十二月党人"的交往更加频繁，参加了一些"十二月党人"的秘密会议。他追求自由的思想更明确、更强烈了。

1824 年至 1825 年，普希金又被沙皇当局送回了普斯科夫省他父母的领地米哈伊洛夫斯科耶村，在这里他度过了两年。幽禁期间，他创作了近百首诗歌。

普希金的创作和活动令沙皇政府颇感头痛，他们用阴谋手段挑拨法国籍宪兵队长丹特士亵渎普希金的妻子纳塔利娅·尼古拉耶芙娜·冈察洛娃，结果导致了 1837 年普希金和丹特士的决斗。决斗中普希金身负重伤，1837 年 2 月 10 日不治身亡，年仅 38 岁。

普希金

普希金完成了自 1823 年开始动笔的诗体小说《叶甫盖尼·奥涅金》，塑造了俄罗斯文学中第一个"多余人"的形象，这成为他最重要的作品。他还写了《别尔金小说集》和 4 部诗体小说《吝啬的骑士》《莫扎特与沙莱里》《瘟疫流行的宴会》《石客》，以及近 30 首抒情诗。《别尔金小说集》中的《驿站长》一篇是俄罗斯短篇小说的典范，开启了塑造"小人物"的传统。他的现实主义创作炉火纯青。

普希金创办了文学杂志《现代人》。该刊物后来由别林斯基、涅克拉索夫、车尔尼雪夫斯基、杜勃罗留波夫等编辑，一直办到 19 世纪 60 年代，不仅培养了一大批优秀的作家，而且成为俄罗斯进步人士的喉舌。

此外，普希金还是一位美术家。他只寥寥几笔就能勾画出人物典型的特征，往往比一些专业画家的肖像画还要真实。他的一系列肖像画中，有伟大的法国启蒙哲学家伏尔泰和狄德罗、英国诗人拜伦、俄国作家格里鲍耶陀夫、俄国诗人雷列耶夫等，肖像传神，栩栩如生。

普希金的重大贡献，在于创建了俄罗斯文学语言，确立了俄罗斯语言规范。屠格涅夫说：毫无疑问，他创立了我们的诗的语言和我们的文学语言。

普希金的同时代人和好友果戈理也曾说："一提到普希金的名字，马上就会突然想起这是一位俄罗斯民族诗人。他像一部辞书一样，包含着我们语言的全部宝藏、力量和灵活性。在他身上，俄罗斯的大自然、俄罗斯的灵魂、俄罗斯的语言、俄罗斯的性格反映得那样纯洁、那样美，就像在凸出的光学玻璃上反映出来的风景一样。"

普希金

地位与影响

　　普希金作品中崇高的思想性和完美的艺术性，使他具有世界性的影响。他的作品被译成世界上所有的主要文字。普希金在他的作品中所表现的对自由、对生活的热爱，对光明必能战胜黑暗、理智必能战胜偏见的坚定信仰，他的"用语言把人们的心灵燃亮"的崇高使命感和伟大抱负，深深感动着一代又一代的人。

　　普希金天才的杰作，激发了众多俄罗斯音乐家的创作激情。以普希金诗篇作脚本的歌剧《叶甫根尼·奥涅金》《鲍里斯·戈都诺夫》《黑桃皇后》《鲁斯兰与柳德米拉》《茨冈》等，无一不是伟大的音乐作品；普希金的抒情诗被谱上曲，成了脍炙人口的艺术歌曲；有的作品还被改编成芭蕾舞，成为舞台上的经典。

　　普希金的作品被俄国著名的艺术家编成歌剧、舞剧、话剧、儿童剧和电影。在苏联，普希金的研究形成"普希金学"。苏联科学院俄罗斯文学研究所，又名"普希金之家"，是收藏普希金的私人藏书、手稿和研究普希金的中心。

目录

普 希 金

目录

贵族阶级的叛逆

我战栗着，最后，梦的围绕终于悄悄爬上了我的眼睛。

——普希金

祖上丰硕的功绩

俄国著名的诗人普希金有一个非常显赫的家族。他的曾祖父亚历山大·彼得洛维奇·普希金曾当过御林军侍卫。在沙俄时代，这是非常高的荣誉。

多少个世纪以来，普希金祖上的代表在俄国的各个领域都表现得英勇无畏、富有创造力。他们在库里科沃会战和伊凡雷帝指挥的决战中都立过赫赫战功。

他们曾征服过克里米亚人和瑞典人，甚至打败过以"野蛮"著称的土耳其人。在波兰王子侵犯的过程中，他们守卫了莫斯科。

他们出席过1642年的全国会议。他们在前方的军团里担任过军事长官，也担任过地方长官和驻外使节。

他们的家族还有人参加驻外代表谈判，他们曾受命同斯悌芬·巴托里、安东尼·波谢文或斯道夫·阿多发这样一些历史人物进行谈判，成功地解决了一些重大的国际问题。他说服了波兰国王，让国王焚毁了一切诋毁俄国的书籍。

尽管普希金祖上有那么多功绩，但是他们的家族还是没有跻身于封建社会上层的贵族之列。他们既没有爵位，又跟伟人们续不上家谱，所以他们的地位跟官吏士绅阶层更为类似，跟高傲的"瓦兰人后裔"则距离比较远。

在莫斯科罗斯大贵族的行列里，他们因为跟名门贵族有些距离，所以他们能保持一定程度的独立性。在伊凡雷帝划分沙皇特辖区时，普希金家族属于普通贵族，几乎直至伊凡雷帝死前，一直处于失宠的地位。

加夫里洛·格里果里耶维奇·普希金曾代表不满的贵族向莫斯科市民发表演说。过了 300 年之后，这位外交家兼军人的天才后裔把他的名字写入历史的悲剧，因而扬名天下。

然而，普希金家族成员这种反抗精神也常常使他们脱离时代的进步运动。在彼得一世改革时期，普希金家族卷入了政治纠纷，他们受到火枪兵和旧教徒为反对这种不可容忍的改革而结成的势力的影响，站在了霍凡斯基为代表的落后队伍一边。这个家族中有人参与了反对彼得一世的阴谋。

参与反对彼得一世，导致普希金祖上开始没落。马特维·普希金本来是"末代罗斯"，也就是属于大贵族的古代时期最有声望、最有权力的拥护者，可是他的儿子费多尔·普希金只是年轻的御前大臣。尽管他的地位不高，却心性高傲，因为参与政治斗争失败，于 1698 年 3 月 4 日被处死刑。

跟他一同被处死的还有另外两个参与阴谋的人：火枪兵上校齐克列尔，旧教徒、侍从阿列克塞·索科夫宁。这个家族因为这次事件几乎在历史上销声匿迹了。

直至 18 世纪中叶，普希金家族才重新登上政治舞台。普希金的祖父因反对 1762 年的宫廷政变而出名。他力排众议，一直支持彼得三世。但是这个决策再次失误，他所拥戴的彼得三世很快失败，不久就去世了。新上任的叶卡捷琳娜对此事耿耿于怀，她对普希金的祖父采取了很严重的惩罚。

普希金的祖父在朝中既不能过问朝廷大事，也得不到宫廷的恩典。在他这个大家族的几代人中间，都保留着对篡位女皇的不满和对信守誓言的列夫·普希金的某种崇拜。

普希金的家族在政治上已经没有了前景。这场宫廷政变对于普希金家族的财产并没发生影响。列夫·普希金在遭难之后，仍然保有一大片祖传的产业。列夫·普希金拥有几项庞大的遗产，包括在莫斯科的从热多姆卡到萨莫捷卡一带大片的土地可以使用；在尼热戈罗德这个地方还有一块世袭领地可供经营，那块土地的名字是鲍尔金诺村。

普希金的祖父第二次结婚，娶了近卫军上校的女儿奥尔加·瓦西里耶芙娜·奇切琳娜为妻。奇切琳娜祖辈曾经当过伊凡三世王妃索菲亚·巴列奥略未入宫时的侍卫。

奇切琳娜属于名门望族，他们家富有资产。列夫·普希金得到的陪嫁，不仅有数量惊人的庄园和农奴，而且有大量的豪华的珠宝和珍贵裘皮。因此，普希金这位著名诗人的祖母每逢出门拜客，都要打扮得非常漂亮。她额上的钻石首饰总是闪闪发光，就算是生孩子也是这样，从无例外。

根据家人的传说，这孩子是生在马车上，至于是否属实已很难断定。但有一点却是千真万确的，那就是奥尔加·瓦西里耶芙娜给丈夫生了4个孩子，两女两男。两个男孩叫瓦西里和谢尔盖，这两个人的名字后来被载入了俄罗斯文学史册。

他们热衷于诗歌、戏剧的创作，他们写诗、创作剧本，忙得不亦乐乎。他们就是诗人普希金的伯父和父亲。哥哥瓦西里·普希金逐渐成了真正的文学家，经常在著名刊物上发表文章，并参加轰动一时的论战。

弟弟谢尔盖·普希金直至晚年一直写诗，一生都无私地献身于缪斯，但对于发表作品和赢得声誉却十分冷淡。

他们俩谁也没有卓越的政治才能，但是他们却在自己的周围形成一种充满优雅的文学素养的氛围，从而造成培养少年天才诗人最为适宜的环境。普希金的绚丽文采也是从他们身上继承来的。

诗人诞生记

诗人普希金的父亲当兵时与普希金的母亲一见钟情。在圣彼得堡，普希金的父亲拜访了一门远亲，并结识了她的漂亮的女儿纳杰日达·奥西波芙娜。这位美女就是普希金的母亲。

这位少女有一副独特的美貌，她长着一双略长的丹凤眼，拥有"S"形的身材曲线，她小麦色的皮肤看起来很性感。她有个绰号，叫"美丽的混血儿"。

普希金的父亲对她一下子痴迷了，那就是爱情。他很快就向这位少女求婚，希望她能做他的终身伴侣。

普希金的祖父母偏偏认为这门亲事并不合适。纳杰日达·奥西波芙娜没有丰盛的嫁妆，汉尼拔家族既算不上古老的家族，更算不上名门之后，而且她父亲由于重婚案件家族名声很糟糕。汉尼拔家族是彼得一世一手扶植的，也是在彼得在位时期为官做事的。

他们在18世纪的俄国以军事工程师、国防工程的指挥、炮兵军官和军事长官而闻名。他们曾在遥远的边疆修造监狱，在南纬的航线上率领船队。

这种工作特点决定了他们动荡不安的冒险经历：普希金家族如果犯罪要关进牢房，而汉尼拔家族一旦犯罪，便要被押上军舰，送到地中海去打仗。如果他们两个人真的结合在一起，似乎就像"飞鸟爱上鱼"一样充满艰辛和刺激。

普希金的祖父母尽管反对这样的结合，但是受过高等教育的纳杰日达·奥西波芙娜凭借自己良好的素质最终得到了认可。

她的法语十分流利，而在尺牍艺术方面成为尺牍大师戴·谢文耶太太的优秀学生，而且她文采不错。诗人普希金的文艺方面的天赋也许遗传了母亲的优秀基因。

1796年9月，他们在新娘祖传领地绥达庄园的教堂里举行了婚礼。或许让人无法想到的是，新建立的这个家庭，将在整个世界诗歌文坛上赢得永不磨灭的声望。

亚历山大·普希金的父母新婚不久，就发生了一个重大事件。这就是女皇叶卡捷琳娜二世驾崩，新俄皇保罗一世即位。这对普希金父母的生活产生了很大影响。

在保罗一世死前的5年里，他的父母一直没有找到一个可以安居的地方，总是在两个皇都之间搬来挪去。直至1798年年初，他们才和普希金的伯伯一起返回祖居的莫斯科。

普希金父亲一家住在城郊涅麦茨卡亚街。按居住条件来说，这在当时是全城最好的地方。这里住着外国人、达官贵人和学者。

1799年6月6日，俄国最伟大的诗人亚历山大·普希金在这里诞生了。

那一年，战火纷飞。1799年，海军上将乌沙科夫率领舰队成功地绕过伊奥尼亚群岛，并攻占了难以接近的科府岛。

沙皇政府依然推行叶卡捷琳娜制定的扼杀革命的政策，然而俄国人民在远离祖国的战场上已经表现出不怕任何艰难险阻和勇敢无畏的精神。所有这一切在18世纪末已经预示着世界历史到19世纪初将要加快步伐，受拿破仑统治的欧洲的命运到那时将在莫斯科得到解决。

普希金出生后，由一个40多岁的奶娘照顾。这位奶娘是普希金非常尊敬的人，她是在普希金缺乏父母关怀的时候，走进普希金的生活的。普希金的幼年得到的"母爱"大多是从她身上得来的。普希金甚至后来还专门为这位奶娘写了一首诗，但是他却从来没有真正歌颂过自己的亲生母亲。

普希金的父母在儿子出生之后不久，就到米哈伊洛夫斯科耶村奥西普・汉尼拔那里住过一段时间。然后他们又从那里去了圣彼得堡，在圣彼得堡住了将近一年。

沙皇保罗的制度正迅速走向灭亡，保罗一世为了猖狂地扼杀革命，继续推行他的"恐怖统治"：秘密警察到处横行霸道，书刊检查无情地灭杀进步刊物，很多具有进步思想的文学作品都被销毁。这是个控制思想的君主，一切反对他的声音都要被扼杀在摇篮里。

严格而刻板的繁文缛节完全束缚了彼得堡的生活。在宫廷里，不论男女都要在皇帝面前屈单膝下跪，还要吻他的手。在街上遇到沙皇，过往行人都要下车向皇帝鞠躬敬礼。

稍一触犯这些规矩，就会遭到残酷的迫害和处罚。正是由于这个缘故，保罗每逢上街，便成了人人迅速逃避的信号。百姓用惊慌失措、四散奔逃来表示他们对沙皇的敬意。

亚历山大・普希金就是在这样的社会环境下出生的。他从出生就要面临着社会的动荡和变革，诗人的伟大就是在这样关键的时刻体现出来的。只有用热血沸腾的诗篇给人们启示和指引，才能体现出他们的价值所在。普希金做到了。

丰富多彩的童年

普希金一向看不惯沙皇的所作所为。在他还是婴儿时，发生了一件有趣的事，这也让后来长大成人的普希金对沙皇的印象一直都很糟糕。

有一次，沙皇保罗一世曾亲自上街游览，正好遇上了普希金的奶娘带着他去游玩。奶娘没来得及回避，被沙皇保罗发现了她怀里的婴儿没有向他脱帽行礼，便向普希金的奶娘发出警告。

沙皇保罗说："嘿！你的孩子竟然没有向我脱帽行礼！这简直是对我的蔑视！"

奶娘马上跪下，赶快把普希金的帽子摘了说："哦，对不起陛下。他还是个婴儿，他并不懂事，希望陛下能饶恕我们这些愚蠢的贱民吧！"

沙皇保罗不耐烦地说："去吧！去吧！别让我下次再看见你们这样傲慢无礼。要不是看他是个婴儿，我肯定不会那么轻易放过你们。"

人们很可能把这件事当作笑谈；然而，在保罗把礼节规定得那么琐碎、详细的情况下，发生这样的事，则是完全可以理解的。

人们甚至把普希金和沙皇第一次见面的经历看作他一生总跟沙皇不合的预兆。因为他直至临死之前，都没有向皇帝行过多少次礼。

普希金的幼年是在莫斯科东北部的市区度过的。他小时常常在溪水旁边玩耍，欣赏尤苏波夫家一簇簇种得整整齐齐的凡尔赛树，观看附近的城市风光。

每年春季的"放鸟节"，莫斯科的仆人、农奴和农民都会成群结队地涌向广场，到那里每人买一只装在笼子里的鸟，然后在人群的欢呼声中把鸟放走，使它获得自由。

　　每当这时，普希金就会高声欢呼。他多么希望自己也能跟鸟一样自由自在地翱翔在天空啊。这些简单的、单纯的想法就是从"放鸟节"启发得来的。

　　普希金年幼时，总是由一名仆人带着上街玩耍。他叫尼基塔·季莫菲邱维奇·科兹洛，他在诗人的人生道路上一直陪伴着他，诗人甚至曾用完美的诗句将他称颂。

这位仆人善于运用俄语的鲜明形象和丰富的比喻，这位仆人也为未来伟大的语言艺术家普希金提供了不少的知识。在他的影响下，普希金学会了许多生动形象的比喻句。

　　仆人尼基塔陪普希金上街游玩时，也培养了他的艺术欣赏力。是他向小普希金介绍了莫斯科风景和建筑的优美，这也是对幼年的普希金作了美学的启蒙教育。后来，诗人普希金在许多著名诗句中都歌颂美丽的莫斯科。

　　　莫斯科啊，我的故城，
　　　啊，你那金碧辉煌的圆顶。

　　普希金小时候喜欢爬到钟王伊凡的钟楼顶上去。从钟楼向下一眼望去，眼前展现出一片广阔的田野和茂密的丛林，有许多新建筑物在他面前一览无遗。

他永远忘不了旧国都的独特生活以及那里的显贵和富翁们。他们每逢出门都大讲排场，坐上用白银锻造的带篷马车，还有成群的奴仆、黑人、猎人和跟班前呼后拥。

这些印象，幼小的普希金都默默地印刻在脑海里。他喜欢独自思考，可又显得反应迟钝，这有时倒令母亲很担忧。

普希金有丰富的想象力，他儿时想象力的产生得益于听了大量的民间故事。她的奶娘就是讲故事的高手。

奶娘阿里娜年轻时是汉尼拔的农奴，后来获得自由，可是她不愿意回自己家，仍然在普希金家照看这些小主人。

她这样讲述说：

> 有一个沙皇想要娶老婆。
>
> 有一天他听见 3 个姐妹在闲说话。大姐夸耀说，她用一个米粒就能让丈夫吃饱；二姐夸耀说，她用一块布头就能给丈夫做身衣服；三姐夸耀说，她头一年就要给丈夫生上 33 个儿子。
>
> 沙皇娶了三姐。

她有说不尽唱不完的民歌、故事和传说。她能把这些民歌、谚语、小故事的生动细节都记得扎扎实实。她拖着长声唱着凄哀的民歌。

于是，在普希金家的房间里响起快活而热情的、婉转悠扬的歌声。歌中唱道：

> 在宽阔的大路上，有一个少女去打水，去打清澄的泉水……

普希金的著名诗句可以证明奶娘是经常唱这支歌的。

给我唱一支歌吧，唱那山雀，

在大海彼岸过着平静的生活；

给我唱一支歌吧，唱那少女，

清早起来到泉边去打水……

普希金的外祖母汉尼拔也很会讲故事。她的娘家是一个古老的家族。据她的外孙女说，她"很珍视自己的门第，并且常常喜欢回忆从前的景况"。

关于 18 世纪的一些历史逸事，小普希金最先都是从她那里听来的。她跟历史上有名的两位汉尼拔也有过密切接触。整整一个世纪的俄国历史、战事、沙皇们的私生活、彼得和女皇们、探索者和战友们之间，所有这一切都穿插在她讲述的家庭重大事件和关于祖辈的传记之中。

普希金在幼年是跟外婆学的俄语。她喜欢祖国的语言，而且掌握得纯熟，讲起话来很标准，没有俚语和难懂的东西。

在扎哈罗沃村，并非一切都富有田园诗意。在这里普希金第一次见到了农奴，他们随即永远成为他思考的对象，他一直怀着惶惑和愤慨的心情思考着"忍受苦难的奴隶"的悲惨命运。

童年时代，普希金在不知不觉中接受了文学教育。他生长在有教养的家庭，全家都对语言艺术感兴趣，他们把诗歌看作生活中最重要的东西。

普希金从儿时起就为民歌、童话和诗歌所陶醉。他的父亲写道：

他是那么聚精会神地倾听大人朗诵德米特里耶夫和他伯父瓦西里·里沃维奇·普希金的寓言和别的诗作，有些还背诵下来了。当时有一位可敬的亲族看到这事非常高兴，便劝他读一些俄国诗人的作品，说这样会有益于智力和心灵。

普希金在幼年的经历使他对作家产生了浓厚兴趣。他崇拜那些会吟诗的人。

上面说的这些就是普希金儿时的美好印象：乳母、外祖母、尼基塔、克里姆林宫、扎哈罗沃，寓言和民歌，仆人和诗人……所有这一切都哺育着他那易于感受的幼小心灵，在不知不觉中为他未来的创作做好了准备。

我们没有必要夸大普希金童年的痛苦。他有童年的欢乐的确凿证据：

我的童年时代啊，
多么平静而美好！

但是，我们也不必隐讳诗人儿时的苦闷。他长期得不到父母的宠爱，母亲沉迷于多彩的社交生活，置孩子们于不顾。对于这一点，普希金感受颇深。因为我们很难在普希金的文章里找到歌颂母亲的语句。

普希金的父亲则处于生活的重重矛盾之中，从而性格古怪，这也使得孩子难和他真诚相见。

倒是普希金的伯伯对普希金最好，他性情温和，对于教育孩子很有耐心。他发现了普希金文学方面的才能，便开始传授普希金写诗的技巧。他可以在诗的节奏、句子的安排、修辞理论等各方面对初学写诗的普希金进行切实有效的指导。

普希金为了感谢伯父瓦西里关心自己在创作上的成长，对他表示尊敬，把他称作"我的诗父"。

考上贵族学校

1811 年夏天，普希金的伯伯送他去彼得堡，投考在皇村开办的皇村学校。这是一所享有特权的贵族寄宿学校。

在关于建立皇村学校的决议中规定，"创办皇村学校的宗旨是培养专门供国家机关的重要部门使用的青年"。这样的学校类似我们现在的公务员培训学校。

学校设立时预先规定，皇村学校学生应是名门望族出身的青年。但在第一批皇村学校的学生中，也有并非世袭名门出身的青年。聪明好学的普希金就不属于名门望族，但是他还是顺利地通过了学校的考试。

1811 年 10 月 19 日，皇村学校举行了隆重的开学典礼，欢迎新报到的学生。

学校的两个副教授摆出一副庄严的神气的样子，他们把大本子高举过头顶，呈到国民教育部司长马尔蒂诺夫面前，教育部司长再用发颤的高音读起颁发给皇村学校的证书。

在马尔蒂诺夫宣读完之后，皇村学校校长马林诺夫斯基立刻讲话。他是一个职位很卑微的官吏，平时只爱翻译《圣经》和赞美诗，如今第一次当着"圣上"的面讲话，竟然有些不知所措了。

他激动得用断断续续的颤抖的声音照本宣科地读着不知什么人写的祝贺之词。他那效忠沙皇的语调，同庄严的斯拉夫文体非常相称。

皇村学校校务会议秘书、俄语和拉丁语教授科尚斯基讲话时，语调非常平稳。他原是莫斯科大学的学生，读过两个系，获得"文学硕士和哲学博士"的双重学位。科尚斯基曾翻译过许多希腊诗人的作品，是公认的优秀朗诵家，善于运用自己的声音。所以学校委托他代表皇村学校的全体师生向沙皇亚历山大致意。

接下来是介绍新学员，当叫到普希金的名字的时候，一个活泼、卷发、目光晶莹的男孩儿从一群学生中间走了出来，按照规矩向沙皇亚历山大一世行礼。这是普希金和沙皇亚历山大的第一次见面。

在把所有的学生一一介绍完毕之后，副教授库尼钦宣读"给皇村学校学生的校训"。在马尔蒂诺夫的颤抖的高音和马林诺夫斯基的断断续续的低语之后，库尼钦的纯净、响亮而清楚的嗓音引起了大家普遍注意。

库尼钦后来对于皇村学校学生的进步社会思想的发展起了重要作用，这一点便促成了关于他第一次讲演的某种夸张的传闻。我们应该恢复事情的本来面目。根据现在保存着的他的"训词"，可以清楚证明这个青年学者因受到官方要求的束缚，不得不遵照有"圣上在场"时应该遵循的死板规矩行事。

他的讲话并没有号召学生去忠君和阿谀奉承，而是号召他们做一个好公民，去为国家服务。库尼钦这种令人振奋的话语饱含着一个进步思想家的高尚爱国主义精神，使这些少年人听得如醉如痴，并永远记在心里。

库尼钦的讲话成了皇村学校的第一件大事。年轻副教授的奔放感情和演说才能仿佛冲破了官场文章的陈规俗套，深深地打动了少年听众的心。庆典之后的活动是与来宾共进午餐，最后庆典在欢乐祥和的

气氛中结束。

皇村学校在当时是一所先进的学校，这里有许多出类拔萃的教师。皇村学校的教学大纲内容说是包罗万象，但学生的知识并没有达到顺利掌握大学教学大纲的水平。因此皇村学校的教学一半像中学，一半像大学，教学材料的内容并不难。

皇村学校教学任务规定的全部课程需要用 6 年时间修完。在这期间，皇村学校的学生必须接受完整的普通教育和相当于大学的教育。

普希金在给皇村学校周年纪念日的一节诗里这样写道：

把心灵和美酒都献给库尼钦！

他塑造了我们，培育了我们炽烈的情操，

他为我们点燃了晶莹透亮的神灯，

那奠基石啊，也是他为我们营造。

由这几句诗我们可以看出，普希金对皇村学校有着很深的感情。

普希金很爱读书。在这所学校里，普希金依旧保持着他那天真烂漫的乐观活泼的性格。他不喜欢教条式的讲课，数学、统计学也不是他的兴趣所在。吸引这位多才多艺少年的依然是文学和艺术，荷马、莫里哀、伏尔泰、卢梭、司格特、罗蒙洛索夫、杰尔查文、克雷洛夫、卡拉姆津、茹柯夫斯基都是普希金热爱的作家。

皇村中学的学习环境极为优越，许多非常有名的教授在这里讲课，学生们还可以享用皇家的图书馆。这所皇家图书馆简直成了普希金的"天堂"。他几乎每天都在图书馆里看书，一看就是大半天。他简直可以说是一个"书虫"，回到家里他也常常钻进父亲的书房里，一读就是几个小时。

如此刻苦读书，必然会有所收获。普希金在他所读的文章里，学习到了很多有用的知识，这为他后来的文学创作奠定了良好的基础。

诗坛初露锋芒

普希金在皇村学校和一些中上层官宦子弟住在一起，学生当中也有几个诗人，他们为此还展开了文学竞赛。

年轻的学生们开始出版手抄版的杂志。他们还在大型刊物上发表自己的作品，其中有的人后来参加了某些自发的政治团体。在崭新的思想气氛和创作环境中，普希金的诗文开始崭露头角。

普希金的第一个对手就是伊利切夫斯基。早在 1811 年秋，普希金就和他比写叙事诗。1811 年年末至 1812 年年初，学校举行了皇村学校诗人的第一次公开比赛。这是在俄语和拉丁语教授科尚斯基的课上进行的。

普希金的这位老师科尚斯基也是一位诗人，他喜欢写诗，也传授学生们写诗的方法。在他的主持下，他们以紫罗兰、玫瑰、百合为题写诗。普希金最后取得了第一名。但是遗憾的是，普希金的这些早期诗稿没有流传下来。

在皇村学校的学生中间，还有两个诗人，他们是科尔萨科夫和亚科夫列夫。他俩同时又是很有才能的歌唱家和演员。"抒情诗人"科尔萨科夫是皇村学校文学小组的发起人，又是头几期学校小报和杂志的出版者。

不过，他在同学中间首先以歌唱家和作曲家而出名。亚科夫列夫的演员才能则更为多彩，更为突出。同学送给他的绰号有"小丑""滑稽演员""调皮鬼""音乐家""歌手"。这些绰号都证明他有出众的表演才能，他善于扮出各种表情。

学校的这些音乐家对普希金诗歌的广泛流传起了很大的促进作

用。普希金和他们成了要好的朋友。但是，普希金崇尚自由的写作方式让朋友不能接受，他们更坚持以传统的严格的格式来写诗。

普希金为此深感痛苦，他开始进行大量的创作，似乎只有写诗才能排解他内心的苦闷。

1812年，随着拿破仑称霸欧洲野心的膨胀，国际局势日渐紧张，人人都非常清楚，国际冲突已经不可避免了。1812年3月，沙皇颁布了招纳新兵的诏书，公开宣布了战争的危险。

这些少年关在皇村学校里，当然不可能了解已经爆发的战争的全部复杂原因。然而他们和整个俄国社会一样，十分清楚征服者的企图首先是奴役俄罗斯民族，好建立起在他专制统治下的拿破仑世界帝国。

这一事件使少年时代的普希金，清楚地认识到诗人的使命在于表达民族的意志。因而他那时的诗歌，充满着炽烈而真挚的爱国主义感情。

他有随时为祖国和人民献出自己宝贵生命的决心和勇气，强烈的爱国之情已成为他政治抒情诗的主题，并且一直贯穿着他的整个创作之中。他的早期作品是他后来写的纪念"鲍尔金诺的伟大日子"著名诗篇的前奏。

祖国题材对他来说具有新的意义，他把人民的尊严和幸福视为高于一切的理想。在1814年的诗歌中，普希金庄严而神圣地歌唱了时代的伟大主题：全民抗击异族的入侵。这个少年诗人怀着儿子般的真挚感情，对伟大战役的战场说：

莫斯科的土地，我的家乡，

你们也看到了祖国的敌人！

鲜血染红了你们，

火焰吞噬了你们！

他第一次提出诗人在民族英雄年代的使命的巨大题材：

如果听到战斗歌手的声音，
年轻的士兵会激怒和颤抖。

普希金在学习时期，震惊世界的历史事件——拿破仑入侵，激发了他的创作天赋。他以钢刀似的铿锵有力的诗句向世界预言，侵略必将以失败告终。

普希金之所以有那么好的文笔是和他的习惯分不开的，他在学校读书时就开始一直用俄语诗句记录自己的经历和想法。这样，他笔下的诗就越来越简洁、工整、有力。他在学校时期的抒情诗——也是他早期的习作，就是这样产生的。

当时他的才能正处在成长阶段，仿佛一只刚刚飞上天空的小鸟。普希金少年时代诗歌的特点是：真挚情感和生动形象的语言。

普希金在皇村学校时期的诗相比起他儿时练习时作的诗，在题材、思想、形象、体裁、诗的结构和韵律上都要丰富多彩一些。从讽刺诗到哀诗还有诙谐诗和爱国颂诗，他尝试了抒情诗的几乎所有基本形式。

对各种不同诗歌体裁的尝试，并没有掩盖他对生活的真实性的追求。普希金学生时代的诗作，都是对当时某些事件的反映。

1814 年，他写了一首诗，题为《饮酒的大学生》。皇村学校的同学屏息凝神地倾听他的朗诵，因为不少诗节就是写他的好朋友的，写得惟妙惟肖，具有强烈的幽默感。

这是一幅普希金好友的优美群像，为首的就是他的老师和"酒宴的主席"加利奇。这些诗尽管充满快活情调，然而已经成为他后来的《皇村学校周年纪念》的先声，只是后来的作品更为深刻，对少年时代的同学们一生的劳作与斗争写得往往十分凄惨。

第一次升学考试

普希金的努力没有白费，他终于迎来了第一次大考。这次考试让15 岁的普希金迎来了人生的第一次辉煌。

1815 年冬天的晚上，寒气逼人，大雪纷飞。俄国京城圣彼得堡郊外的皇村中学校园里到处张灯结彩，喜气洋洋。学生和教师们都身着节日盛装，聚集在通往礼堂的道路两侧，满怀期待地等待贵宾的检阅。

不一会儿，随着阵阵欢快的马车铃声，一辆辆造型考究的三驾马车缓慢地驶进了这所培养贵族的学校。陆续下车的有教育大臣、陆军元帅、俄国东正教大主教、文坛精英和京城贵妇。一时间，宝马香车满园沸腾！

这里将要举行皇村中学建校以来第一次升学考试。这是对学校教学工作的一次正式的检阅，皇村中学也将借此良机向俄国社会展示它的办学成就。

面对这样重大的考试，学生们都尽力想留给考官们一个最好的印象。贵宾席中坐着一位年纪很大的人，他就是在文坛颇有威名的大诗人杰尔查文。

他曾驰骋文坛、名震学界，如今已是耄耋之年。他希望能有杰出的后生接过他那支写作的笔，继续为俄罗斯的人民写下不朽的诗篇。

考试开始了，当杰尔查文听到一个熟悉的名字时立刻兴奋起来。有人对他说起过这个与众不同的孩子，老人的双目因此而闪动出期待的光芒。

这时，一个身穿燕尾服、脚蹬长筒靴的英俊少年站在富丽的考场中央。他面对考官淡定自若，深情而激昂地朗诵起自己的诗篇《皇村回忆》：

沉郁的夜的帷幕，
悬挂在轻睡的天穹；
山谷和丛林安息在无言的静穆里，
远远的树丛堕入雾中。
隐隐听到溪水，潺潺地流进了林荫；
轻轻呼吸的，是叶子上沉睡的微风；
而幽寂的月亮，像是庄严的天鹅，
在银白的云朵间游泳。

考官和听众随着少年诗人普希金的思绪进入一处美妙的境界：

瀑布像一串玻璃的珠帘，
从嶙峋的山岩间流下；
在平静的湖中，
仙女懒懒地泼溅着那微微起伏的浪花；
在远处，
一排雄伟的宫殿静静地倚着一列圆拱，
直伸到白云上。

这就是少年诗人心中的"北国的安乐乡"；这就是这个浪漫少年眼中景色绮丽的皇村花园。然而，这里不仅有盛世的繁华，也经受了俄法战争的洗礼。

战栗吧，异国的铁骑！

俄罗斯的子孙开始行进；

无论老少，他们都起来向暴乱袭击，

复仇的火点燃了他们的心。

战栗吧，暴君！

你的末日已经近了，

你将会看见：

每一个士兵都是英雄；

他们不是取得胜利，就是战死沙场，

为了俄罗斯，为了庙堂的神圣。

诗中充满了昂扬的斗志和爱国主义的激情。这首诗用历史题材和现代题材融为一体的方式，讴歌了挺身捍卫祖国的俄国儿女们。

这首诗感染了每一位听众，特别是那些不久以前亲身经历过对抗拿破仑侵略的卫国战争的人们。普希金朗诵完这首诗后，场上出现了片刻的宁静。人们似乎还陶醉在那些美妙的诗文之中。几秒钟之后，大家才如梦方醒，大厅里马上响起了热烈的掌声与喝彩声。

老诗人杰尔查文情不自禁地站了起来，鼓掌祝贺。他已经好久没有听到过这样气势恢弘的诗篇了。那崇高的主题，那严谨的结构，那流畅的诗句，那史诗一样的风格，竟出自于一个年仅 15 岁的少年之手。他感觉接班人就在眼前。

此时，老人恨不得立刻把这位少年诗人拥入怀中。然而，稚气未脱的男孩子却一阵风似的，消失不见了。这个被大诗人杰尔查文认定为接班人的孩子，就是后来成为"俄罗斯诗歌的太阳"的亚历山大·谢尔盖耶维奇·普希金。

一夜之间，普希金的名字传遍了圣彼得堡文学界。很快，他的佳作发表在国家级的刊物《俄罗斯博物馆》上，接着又被收进《俄罗斯范文》中。1815 年，普希金又被收入俄罗斯文学经典作家的名录。

普希金·贵族阶级的叛逆

少年诗人的成长

少年成名后，普希金把自由和反对奴役的思想作为创作的主导思想，他坚信人的意志必将取得自由。

1816年3月1日，新校长思格里哈尔德召集学生座谈。这是一个有修养的教育家和有经验的管理者，他对教育抱有浓重的宗教道德观念。他的某些派头反而使性格直爽、不爱逢迎巴结的学生与他疏远。普希金、瓦盟霍夫斯基和久赫里别克尔就是这些不爱巴结的学生，于是他们成为新校长的反对派。

新校长也要把他父亲般的爱给予普希金，却遭到普希金的断然拒绝。于是在高年级，在新校长和旧同学之间展开了一场激烈的明争暗斗。

这位新校长是德国的"博爱教育派"的信徒，在跟学生们打交道时甜言蜜语，而在自己的思想纲领上对"神圣"的权威却无限虔诚。

思格里哈尔德希望学生具有上流社会的斯文之风，这样才能造就便于管理的官吏。原来的校长曾打算把皇村学校办成耶稣会学校，但没有成功。如今在思格里哈尔德的管理下，却要效仿信奉上帝、品行端正的德国学校，让它变成所谓的"博爱学校"。

普希金是受过自由思想熏陶的人，这种教育方式对他完全不适用。他坚决不向新校长打开内心世界，也拒绝接受类似于中国"儒家"的道德标准。

思格里哈尔德未能认识这个天才少年的复杂性格，所以他给普希金的品行打了最低分。他在写毕业生评语时，也严厉指责普希金有一颗"空虚而冷酷的心"，不过最主要的还是责备他不信仰宗教。

思格里哈尔德对普希金不信奉宗教十分愤怒，因而对普希金的诗歌才华及其精神和品质都不屑一顾。他写道：

> 他的最高和最终目的，不外乎以作诗炫耀自己。
> 不过，他写诗也未必有牢固的基础，因为他不肯认真写任何东西。

这是普希金同一时代人当中唯一怀疑他创作天赋的人。当时俄国的大作家们却很看重这位年轻诗人，他们甚至亲自去皇村学校拜访他。

这个时候正是俄国新旧文体之争白热化的时候，关于正确的构词的想法，被政治上的考虑所压倒。学者们不断攻击大作家卡拉姆辛滥用法语词汇，要求用教会斯拉夫书籍来丰富俄罗斯语言。

这些事件引起了普希金的密切关注。他从小就感到自己应该给那些敢于向文学界的停滞现象和反动势力宣战的天才诗人当随从。

正基于此，他怀着特殊的兴趣关注卡拉姆辛小组。他们共同组成战斗的方阵，开始有秩序地行动。

在皇村的禁卫骠骑兵兵营里，普希金还结识了几位军官。他很喜欢本尼格生的新任副官彼得·巴甫洛维奇·卡维林。他是表里如一且胆量大的人。

卡维林读过莫斯科大学和哥廷根大学，也十分喜爱诗歌。在他刚认识普希金时，听到普希金的诗歌，就很钦佩。

普希金在他献给卡维林的诗中，对这位骠骑兵朋友的性格作了形象的描绘。他在诗中还希望自己的好友要藐视"贱民"的意见：

> 他们不懂得：同基费拉、同柱廊、同一本书、同一瓶酒

都可以友好相处，用拼命胡闹的薄薄面纱，可以把聪明睿智遮住。

1816 年夏，普希金在卡拉姆辛家里遇到骠骑兵卡达耶夫少尉。卡达耶夫白净的脸庞，淡蓝色的眼睛如水一样清澈透明，他目光专注严肃，前额很宽，上面覆着像绸子一样柔软的金色头发。他的嘴很秀气，几乎像少女的嘴一样，耳朵也小巧玲珑。

卡达耶夫是谢尔巴托夫公爵的外孙。谢尔巴托夫在叶卡捷琳娜时代是著名的历史学家和贵族政论家，手稿和书籍的重要收藏家。

卡拉姆辛在写自己的历史著作时，广泛引用了谢尔巴托夫的《俄罗斯历史》的材料，因而每逢著名前辈的外孙来做客，他总是殷勤接待。

卡达耶夫尽管年轻，当时才 22 岁，却已经参加过当代的一些重大事件。他参加过鲍尔金诺战役、库里姆战役、莱比锡战役和巴黎战役。

战斗生活并没有使他中断紧张的思考。他尽管身穿骠骑兵军装，却仍然是个思想家和辩证法专家。无论是他那戴着勋章的仪表堂堂的侧影，还是有关历史哲学的完整的格言，都同样令普希金折服。

普希金在即将毕业之前很想加入骠骑兵，就是深受卡达耶夫的影响。他崇拜卡达耶夫，因为他这几位新朋友对奴隶制和暴君的专横，都怀着不共戴天的仇恨。他们深信，在农奴制的君主国家要进行改革，必须依靠这支曾解救过祖国危难的军队。

在普希金早期的许多政治诗里，都把卡达耶夫比作罗马第一个执政官，他就是布鲁图斯。根据这些诗可以得出结论，俄国军官中这种不满情绪和反抗精神早就引起普希金的向往。1812 年战争的胜利，更加鼓舞了少年诗人关于俄国的奴隶制和暴政即将垮台的幻想，使少年诗人又转向他梦寐以求的人民自由的题材。

普希金在皇村学校的 6 年，按照教学大纲的要求，学到的东西很少。俄国自由的教育思想，几乎全是沿着另一条途径向前发展的。这种思想已经和学校创办人的意志背道而驰。

新的教育思想以为数不多的几个教授为代表，并对一些最优秀、最有才能的学生产生了影响。这就是刚刚出现的"十二月党人"的教育思想。

校长和学校的主要教师极力反对这种教育思想，然而它却在一些具有才华的学生的心灵和头脑里取得了胜利。这样的学生为数不多。所有其他的学生，则心甘情愿沿着官方规定的途径走下去。

像哥恰可夫、科尔弗、罗蒙诺索夫、斯泰文为了当上大臣、省长、大使而拼命读书，不久他们果然都如愿以偿。

然而，皇村学校的第一批学生之所以永远赢得传奇式的声誉和令人羡慕的威望，并不是由于这些安分守己的大多数，而恰恰是因为受到沙皇俄国排斥的人物——普希金、普希钦、戴里维格——才盛名远播。

皇村学校的某些课程对普希金来说也并不是一无是处。凡是学校大纲规定的内容符合当代的语文系要求的，普希金都学得津津有味。他很勤奋，对古典文学名著、文学翻译理论、作文或作诗、语文学理论、美学都很感兴趣，专心致志地学习。

普希金聪明伶俐，对生活的各种现象有透彻的理解。他从小就仇恨通过背诵生词表来学习外语的方法，而喜欢通过会话、闲谈等来丰富自己的语言。

在学习当中，他最重视的是理解、运用知识，直接地创造性地发表学习的感受。

皇村学校教学方法上的明显弱点，反映在教授的讲课水平上。他们甚至很难吸引像普希金这样的学生好好听课，也很难培养像普希金这样的学生的学习兴趣。

至今仍然保存下来的教师评语，都指明他才能出众，但也总是说他懒惰，不注意听课，成绩很差。这位教师不明白，这位天才的少年的志向显现得那么早，那么毋庸置疑，皇村学校的教师没能引起这个最聪明、接受能力最强的学生对任何一门课程的强烈兴趣。

无怪乎在所有的教师当中，只有语文教师科尚斯基和布德里在他的毕业证书上打了最高分数。但是，就是皇村学校最好的教师也满足不了他那猛烈增长的兴趣和要求。普希金除课堂上听课之外，还大量阅读课外书。教授讲课的不足由当代的伟大作家和俄国或法国的名诗人的作品来加以补充。

这一切都大大扩展了学校大纲的范围，促进了普希金诗歌创作的发展。他在学校学习了 6 年，当他离开学校时已经是 19 岁的青年人了。他的分数虽然不高，但他却已经开始写作《鲁斯兰和柳德米拉》。尽管在诗人的毕业证书上写明他的地理和统计学成绩平常，但是他已经开始唱他那首永远为人传诵的诗：

> 早已消逝的岁月的故事，
> 遥远的古代的传说……

奋发向上的青年

　　读书和学习是在别人思想和知识的帮助下，建立起自己的思想和知识。

——普希金

思想进步的外交官

1817 年，19 岁的普希金毕业了，按照官方规定，凡是持有皇村学校毕业文凭的人，都可以做十等文官。毕业 5 天后，普希金被分配到外交部做八等文官。

对仕途毫无兴趣的诗人继续过着悠闲的生活。除了看剧、跳舞和参加宴会外，他把所有的时间都投入到创作和结交文学朋友上，作家卡拉姆津、茹科夫斯基、维雅泽娜斯基等都是他的良师益友。

当时，圣彼得堡有一个著名的文学社团叫"绿灯社"，成员都是文学界的名流。普希金就是这个社团的核心人物。

他经常在这里朗读自己的新诗，与文艺界的朋友们谈论俄国戏剧发展状况，探讨社会政治问题。诗人决心在京城文坛上干一番惊天动地的文学事业。

这个时期正是俄国历史上的"黑暗年代"。这正是反动势力实行残酷迫害，国际宪兵神圣同盟的神秘主义猖獗和阿拉克切耶夫进行恐怖专政的时代。

然而，政府的白色恐怖越厉害，反抗的潮流也越强大。为了毁灭沙皇的独裁专制和农奴制度，各种秘密政治团体把其他国家的进步活动家联合到一起了。

猖獗的神秘主义成为政权的标志和作风。大学的学术报刊和中小学校，无一例外遭受官方神学者的打压。文学在疯狂的书刊检查的"文字狱"的压制下，已经快要崩溃了。

普希金在亚历山大一世统治的圣彼得堡度过了 3 年。

这时，他已经成为一名出色的政论诗人和讽刺家。

诙谐的歌曲换成了钢铁一般的诗句，对学校的不满换成了反政府的宣传。

此时，普希金结识了许多人，有的成为他未来的好友。比如，格里鲍耶多夫和格涅季奇。格涅季奇在1805年写的政治抨击诗《秘管人致西班牙》借抨击西班牙殖民主义者在南美的暴虐，尖刻揭露本国的农奴制度。

普希金还结识了普列奥布拉任斯基团的诗人卡杰宁上尉。卡杰宁是一流的诗歌和戏剧鉴赏家。他不崇拜权威，敢于同盛行的潮流宣战，他的政治信念对青年听众很有影响。

普希金无数次地赞扬卡杰宁作为翻译家、文艺理论家、剧作家，尤其是俄罗斯通俗叙事诗作者的功劳。

1818年秋，经卡杰宁的介绍，普希金认识了沙霍夫斯科伊。他是《椴树密水》的作者。他对普希金的《鲁斯兰和柳德米拉》的开头几章很感兴趣，而普希金对时髦的剧作家举办的热闹的晚会也很着迷。

每当演出结束后，就会聚集起许多青年演员、作家和批评家。和这些人的聚会，在普希金的心里留下了非常深刻的印象。

随着思想上的成熟，普希金不仅仅关心俄国文学事业的发展壮大，他更关心祖国的前途命运。时代和社会的风浪也时常在他的诗作中掀起层层波澜。这一时期，诗人写下了《乡村》《自由颂》《致卡达耶夫》等著名的政治抒情诗。这些诗篇有的寄予了对穷苦农民的深切同情；有的表达了改革农奴制、建立君主立宪体制的强烈愿望。

《自由颂》是普希金在和俄国著名文学家尼古拉·屠格涅夫交往过程中写的。屠格涅夫是年青一代中最有教养的一个人，是杰出的政治思想家和热情的爱国者。他和卡达耶夫以及稍后的拉耶夫斯基兄弟一样，成为年轻的普希金的又一所"大学"。

尼古拉·屠格涅夫信仰自由经济主义。他长期旅居国外，于1816

年秋回到祖国，俄国的专制制度给他以沉痛的印象。

而这种印象他一直保留多年。国家政治管理的种种现象都是"悲惨和可怕的"，而被奴役的人民的一切表现都"似乎是伟大和光荣的"。

同尼古拉·屠格涅夫的交往，对普希金产生了强烈影响，在他的发展中留下了深刻痕迹。无疑，他从自己年长的好友那里接受了许多观点。

普希金住在圣彼得堡头3年当中写出的政治讽刺诗和反对沙皇制度、反对农奴制的公民诗，在很大程度上都是从和这位位置重要的国务活动家的谈话中受到启发的结果。

普希金的这首名叫《自由颂》的诗，是面对着"暴君荒废的纪念碑"写的。从屠格涅夫家的窗口可以看到米哈伊尔城堡，这是巴恢诺夫修建的一座独特的建筑，从1801年起便无人居住。几乎荒废的城堡的形象，在普希金的脑海里引起了对3月11日事件的联想。

我要给世人歌唱自由，
我要打击皇位上的罪恶。
请给我指出那个辉煌的
高卢人的高贵的足迹。
你使他唱出勇敢的赞歌，
面对光荣的苦难而不惧。
战栗吧！世间的专制暴君，
无常的命运暂时的宠幸！

我憎恨你和你的皇座，
专制的暴君和魔王！
我带着残忍的高兴看着你的覆灭，

你子孙的死亡。

人人会在你的额上，

读到人民的诅咒的印记，

你是世上对神的责备，

自然的耻辱，人间的瘟疫。

当午夜的天空的星星，

在幽暗的涅瓦河上闪烁，

而无忧的头被平和的梦压得沉重，

静静地睡着，

沉思的歌者在凝视暴君的荒芜遗迹，

一个久已弃置的宫殿在雾里狰狞地安息。

　　这首自由的颂诗给普希金的诗歌增添了新的主题，他从浪漫的抒情诗、爱情的哀诗和饮酒歌转向写雄壮、勇敢的叛逆诗。《自由颂》不仅是他的政治宣言，而且也是他的创作宣言。

　　年轻的诗人普希金认为，国家最高权威应当属于立法机关，立法机关应居于一切执行机关之上。法律应该由人民的代表为保障社会利益和个人自由而制定出明确的条文。这些条文对君主说来，是神圣的和必须遵守的。君主行事必须同国家协商，君主要受法律的约束。

统治者！是法律而非上天，

给了你们宝座和帝号；

你们高踞于人民之上，

但永恒的法律比你们更高。

　　普希金的诗中，反映了新兴资产阶级同专制制度作斗争的革命口号：公民平等自由、三权分立和人民做主的思想。

普希金为了表现这些革命口号，采用了拉吉舍夫的创作方法。拉吉舍夫作为第一个"自由曲预言家"，早在1781年就用简短、整齐、紧凑、像方阵一样的诗句，对沙皇、统治者对人民的压迫发起冲锋，公开宣布正义、法律和自由的口号。

普希金的颂诗也是这样写的。他为表达激励拉吉舍夫的革命思想，使用了有力的挑战性词汇，如凶手、杀人犯、暴君、土耳其士兵等，并常常运用抑扬顿挫的节奏，甚至伴以刺耳的呐喊。

普希金的语言具有动人的力量和强大的感染力，因此他的解放号召得以广泛流传。这一点正是拉吉舍夫的诗所缺少的。普希金的公民诗摆脱了女皇时期古语句式和庄严格律，节奏急促，情调昂扬。

关于国家政体的演说式宣言，变成了面向未来的战斗口号，政治论述变成了自由的颂歌。诗人的语言浅白易懂的特点，使俄国诗歌第一次起到成为革命斗争武器的作用。

诗人深信，俄罗斯终有一天要从睡梦中苏醒，自由幸福的星辰必定会升起并照亮自己的祖国。普希金的政治抒情诗像寒冬里的火温暖了苦难中的民众，又像嘹亮的冲锋号鼓舞着为自由而战的仁人志士。

新的创作风格尝试

1819 年初，诗人第一次感觉到，被他的讽刺诗击中要害的政治敌人已开始组织反击。在彼得堡的社交界广泛传播一种传言，说写反政府讽刺诗的大胆作者已在秘密办公厅受过鞭刑。

据他自己证实说，他犹豫不决，不知是自杀好，还是杀掉沙皇好。他聪明的朋友卡达耶夫劝他对于人们的议论不要在意，对这些议论只能加以蔑视。

普希金决定迫使当局对自己采取公开的斗争方式，要求当局公开他们暗中的怀疑。"我希望到西伯利亚去或者坐牢，以便恢复自己的名誉。"他的大胆举动令彼得堡社会十分震惊。

普希金写了一首针对大权在握的阿拉克切耶夫的讽刺诗，这首诗就是前面提到的《自由颂》。诗中同时抨击了亚历山大一世的专制统治。这首诗在 1819 年被统治者发觉，因此开始密切注意普希金。

沙皇政府在普鲁士的外交代表考兹布被土宾根大学的学生卡尔·桑德暗杀，普希金在社交界公开表示对桑德的同情。

1820 年 2 月 25 日，全体圣彼得堡官员举行集会，"庄严悼念"别里斯基公爵。公爵的空灵枢上用拉丁文写明了他的死因是被法国歹徒所杀。

普希金忽然间觉得自己是站在另一个阵营里：他不是和波旁王朝的拥护者站在一起，而是和巴黎一个孤独的手艺人皮埃尔·卢维里属于一条统一战线。卢维里是用共和国宪法学来认识社会的，他终身信仰人与公民的权利。

当印有"可怕的凶手"的石印像从巴黎传到圣彼得堡时，普希金也弄到了一张。他在图像旁边空白的地方，用奔放的笔体写上："给沙皇的教训！"

当天晚上在剧场大厅里，他又把违禁的图像给坐在身边的人传看，根据属于政府派的人证实，"他引起人们不满的评论"。

别里斯基公爵被刺，成为其他国家革命运动的信号。1820 年 3 月 8 日，西班牙爆发革命，引起普希金深切同情。他政治思想上的导师与朋友卡达耶夫和尼古拉·屠格涅夫，也毫不掩饰对这次"人民胜利"的喜悦。普希金后来不止一次回忆起西班牙革命领袖的名字，基洛加和黎耶哥是他终生难忘的。过了 10 年之后，他以简短而高亢的诗句"比利牛斯山山摇地动……"描述这个时刻。

普希金一生中忧患的开始，同他创作生活中的重大事件发生在同一个时间——1820 年 3 月 26 日，《鲁斯兰和柳德米拉》第六章完成了。

这在俄国诗坛真是件大喜事，不过当时只在文学界朋友的狭小圈子里进行了隆重庆祝。曾经作为学生的普希金显然已经超过了他所有的老师了。

不久，这篇叙事诗就被公认为俄国文学辉煌的成功作品之一，并且跟任何突出的事件一样，引起了不同意见的激烈争论。不过，文学评论界的这场风暴直至 1820 年秋长诗公开出版之后才爆发。那么这首诗的完成为什么会带来如此深刻的影响呢？

阿尔扎马斯的《小蛐蛐》一踏入文学界，就成功地解决了俄国

诗人长久以来难以解决的重大课题——人们难以写出活泼通俗的民族史诗。为此，必须把本国历史题材写成引人入胜的长篇小说和用民间故事的形式来撰写历史事件。

然而，无论是著名作家赫拉斯科夫和卡拉姆辛，还是巴丘什科夫和茹科夫斯基，这些鼎鼎大名的作家都未能找到一种非常合适的创作方法，把这些迥然不同的成分融合到一起，赋予新的诗歌体裁。

年轻诗人普希金竟然敢于承担如此困难的文学课题。他的勇气以及他在解决这一棘手问题时所表现的机密巧妙，都让人叹为观止。

普希金为解决这一课题找到了两个有效的办法：他用诙谐的手法处理古代传说及其稀奇古怪的恐怖情节，而对于英雄传说故事则严格遵照历史。普希金运用讥笑讽刺和历史主义的方式，成功解决了创作叙事长诗的写作难题。

普希金在创作长诗的过程中，他的历史视野大大扩展了。诗人在未来的"十二月党人"的自由团体里，听到关于国家头等大事的讨论和从封建农奴制压迫下解放祖国人民的激进方案。在这里，"十二月党人"经常谈论古罗马的自由共和国、俄国古代的政治和艺术的价值，以及把英雄人民从奴隶状况下解放出来的必要性。正是他们从拿破仑政权下拯救了欧洲。

这些历史传说使普希金关于游侠猛士的长诗得以用英雄事迹来收尾。卡拉姆辛论述的俄国人民推翻"可汗的枷锁"而创建伟大的民族国家所表现出的伟大精神的思想，对普希金的俄国历史观也很有影响。

《鲁斯兰和柳德米拉》的第六章也是最后一章，全诗初步概括地表明了诗人对祖国命运的解释：对他说来，真正的英雄首先必须是属于人民的，必须同自己的国家荣辱与共。

长诗的语调到这里发生了明显变化：幻想被历史代替了。切尔诺莫尔的花园不见了，在面前出现的是敌人就要攻打京城的真实场景：

基辅人纷纷聚集到城头上，

透过窗户隐约看见：

河对岸搭起白色帐篷，

盾牌的闪光照红了天；

骑兵在田野里风驰电掣，

远处扬起滚滚黑烟；

行军大车源源不绝，

山上到处是战火连绵。

糟糕：贝琴涅戈人发生战乱。

　　这是对19世纪战争的准确描写，包括其武器、战术甚至交通工具，无一不是真实写照。这是历史现实主义创作的开端。基辅被围的场景描写，成了后来普希金常用来写决战之前两军对垒的阵式的典型方法。

　　这最后一章的写作在普希金的创作发展中具有重大意义。在这章里，他第一次把人民写成历史发展的动力。他写出了人民的忧虑和希望、斗争和胜利。

　　从此，长诗开始抒写全民的斗争和光荣的伟大主题。主人公在离奇的旅行最后阶段成为祖国的解放者。他在战斗中身负重伤，可是手里仍然握着那柄使大家免受奴役的胜利之剑。这样，无形之中妖魔童话就增添了不少历史内容。

　　"遥远的古代的传说"同当前的现实相呼应：透过撵走贝琴涅戈人的鲜明景象，反映出1812年俄国打退法国侵略的卫国主题。长诗中间穿插许多早在皇村学校时期歌颂卫国战争伟大事件的诗句。鲁斯兰变成了人民的历史使命的执行者，妖魔长诗在高尚的爱国主义的和声中结束。于是，快活的古典主义的轻松体裁，经过扩展，增添了歌颂解放功绩的内容，到叙述的最后阶段已经接近于历史现实主义。

普希金在写作《鲁斯兰和柳德米拉》的三年过程中，创作上的成长实在令人啧啧称奇。

一个有才华的学生变成全国首屈一指的作家。在他的笔下，诙谐幽默诗变成了英雄史诗，模拟叙事诗变成了历史战争场面的细致描写，勇士和法师的奇遇变成了俄国武士为保卫祖国土地的荣誉和不受侵犯而做出的英雄豪迈的高尚行为。

普希金在这篇长诗构思的过程中，从诙谐诗人成长为歌颂民族的伟大和全民的荣耀的歌手。如果把诗比作树的话，说这首长诗的树根还与《修士》和《冯维辛的幽灵》交织在一起的，那么它的枝叶已经与《波尔塔瓦》和《青铜骑士》血脉相连了。

这就是伟大诗人的成长过程。他用以前所未见的写作技巧使复杂的传说服从于自己的创作意图，并使各个部分达到完全统一和天衣无缝的地步。这种艺术上的尽善尽美和层次上的浑然一体，在俄国诗坛上是前所未有的。

普希金在这篇长诗中，把握并表现了俄国诗歌的一种新形式的重要风格，这是一种诗歌创作的新的尝试。这种风格是从 1812 年伟大卫国战争至 1825 年 12 月 14 日 "十二月党人" 起义之间经过反复锤炼而形成的。

被逮捕流放他乡

正当普希金在诗歌创作过程中取得不错成绩的时候，他的同行眼红了。

1820年4月2日，内务部大臣科楚别收到政论作家卡拉津对普希金的政治告密信，信上说普希金的诗歌有侮辱沙皇、讽刺政府的内容。这件事立即就被报告给了沙皇。圣彼得堡总督米洛拉多维奇得到命令，要暗查普希金的住处并将他逮捕。

1820年4月中旬，有一个化装的密探来到普希金家里，找到照看普希金的仆人尼基塔·科兹洛夫，求他给搞到一份少爷的大作以便"拜读"，为此愿意付500卢布作为酬金。

科兹洛夫没有答应。普希金当天晚上得知有位崇拜自己诗歌的"神秘"来客，便决定采取预防措施：销毁所有的讽刺诗的诗稿。这是很有先见之明的决定。或许这就是他的家族长期在政治战场上摸爬滚打练出来的敏锐的政治嗅觉。

第二天早晨，他接到首都警察局局长的传票，叫他马上去见总督。幸亏普希金同米洛拉多维奇的特任官费多尔·格林卡上校私人关系很好，在这类场合上，格林卡的确可以给他出些好的主意。

"您直接去见米洛拉多维奇，不要难为情，一点儿不要害怕。他不会滥用您对他的信任。"这个幸福会的秘密成员说。

诗人到总督办公厅去了。米洛拉多维奇在摆着土耳其式沙发、塑像、绘画和大镜子的办公室里，接待了普希金。他非常喜爱奢侈品、华丽的陈设和东方的地毯。他像女人似的用花披肩裹着身子。因为他是个南方人，有点儿怕冷，披肩多少能为他抵挡一些寒风的侵袭。这个娇气十足的首都军事长官向普希金宣布："我接到命令，是抓捕你的命令，还要搞到你写的一切反动的材料。但是我认为，最好还是把您请到我这里来。"

普希金说："我的诗稿已经销毁了，但我愿意为您米洛拉多维奇写出必要的材料，这样你我都不会太难做。"

"这才是骑士作风！"总督惊奇地叫道。

不一会儿，普希金就在总督办公厅的公文纸上写满了《自由颂》和各种讽刺诗。他把所有的反政府诗都写下来了，只有一首讽刺诗没有写，因为如果那首诗果真被沙皇看见，那他就死定了。

第二天，米洛拉多维奇就把这本抨击时政的诗集上交给沙皇亚历山大，恳求他不必看这些诗，最好能赦免普希金，因为普希金在审讯时表现勇敢而坦率。

他说："皇帝陛下，希望您能用您博爱、仁慈的心宽恕这个迷途知返的羔羊吧！普希金只是个年轻的没有见过世面的人，他虽然写了些批评陛下的诗，但是我觉得他敢作敢当，是个有骨气的年轻人。他言谈举止很文雅、高尚，非常令人敬佩。他已经承认错误了，希望陛下不要计较了。"

然而，皇帝的意见跟他完全不同。亚历山大说："我并不是不仁慈的君主。对于普希金我也早有耳闻，他确实是很有才华的年轻人。我参加过他在皇村的考试，他的诗写得确实不错。但是，我不能因为这样，就轻易地宽恕他的错误。至于怎么处置他，我还需要考虑一下。你先下去吧！"

社会上对诗人普希金非常同情，因为他们知道得罪沙皇的下场。尤其是普希金的上司卡波季斯特里亚在这个问题上态度非常积极。他同卡拉姆辛和茹科夫斯基商谈，并把他们的意见作为自己写结论的基础。

与此同时，诗人的朋友们也进行活动。格林卡说，格涅季奇"哭红了眼睛"，去找有一定势力的奥列宁。卡达耶夫也求他的长官、近卫军司令瓦西里·契科夫帮忙，同时还极力对卡拉姆辛施加影响。他的这些朋友都在努力地想办法为普希金开脱罪责。

政府对这样强大的社会舆论不得不加以考虑。他们开始曾准备把普希金流放到西伯利亚或索洛夫基那样荒凉寒冷的地方，作为对污辱沙皇的惩罚；但在舆论压力下，只好改成把普希金调到南方省份工作。实际上，这就是对普希金进行一次流放。米洛拉多维奇的老同事和卡波季斯特里亚的好友英卓夫将军是德高望重的人，他管理诺沃罗西亚的移民局事务。普希金将被派到他的手下工作。

诗人第一阶段的仕途结束了。5月4日，他来到英吉利河岸街，从外交部财务主任处领到1000卢布纸币，作为到叶卡捷琳诺斯拉夫的路费。

在办公楼里，外交部长涅谢耳罗德亲自接见了普希金。他对部里的译员说，根据皇上的旨意，派遣他把一份非常重要的文件送交俄国南方移民委员会监督官英卓夫中将，今后他就作为额外人员留在英卓夫手下，直至另有调任为止。

普希金得到的指令是毫不迟延地执行皇帝的旨意。这样，政治流放看起来就是工作调动。按官方说法，普希金是以信使身份被派到南方工作的。

5月6日，戴里维格和亚科夫列夫把普希金送到皇村。这一次他们一路上心事重重，默默不语。因为那些诗，他得罪了沙皇，得罪沙皇的下场他也无数次地考虑过。他也希望自己像真正的英雄一样"抛洒热血"，但是沙皇却没有过分追究他的责任。

他不在乎前途和命运怎样，就算真的被流放到西伯利亚，他也不会在乎的。他唯一觉得遗憾的是，他要离开这里就意味着他要离开身边的家人、朋友。这是让他非常难过的事情。

过了许多年之后，普希金在哀诗里回忆的大概就是戴里维格在告别时那种难舍难分的感情：

> 在他的好友即将流放之前，
> 他满怀友情默默地拥抱了友人……

　　四轮马车沿着白俄罗斯大路向南驶去。只有他的仆人、农奴尼基塔·科兹洛夫跟他一起到放逐地去。正如他后来在给"十二月党人"诗人费多尔·格林卡的诗中写的那样：

> 我没有眼泪，却满怀惆怅，
> 离别了酒宴的花环和雅典的辉煌，
> 但你的声音对我是莫大欢乐，
> 伟大高尚的公民！

新型浪漫诗的创始人

普希金安然无恙地踏上了去往南方的旅途，这在他看来算不上是什么惩罚，因为彼得堡是一个让他觉得压抑得快要窒息的地方。浩瀚的大海、汹涌的浪涛、自由的海鸥，又一次把诗人引入了狂放不羁的境地。

他在1820年4月底给维亚泽姆斯基的信中写道："我渴望到异乡去，也许南方的空气会使我的心灵振奋起来。"

1820年5月，他来到了这座刚刚修建的城市，这座城市名叫叶卡捷琳诺斯拉夫。他住进了这里唯一的一家旅馆，刚安顿完之后就急忙到外国移民局向自己的新上司递交涅谢耳罗德交给他的紧急公文。

接待他的是一个上了年纪的军官，脑袋又宽又大，两只大眼睛流露出充满幻想的神情。这就是苏沃洛夫和库图佐夫的战友英卓夫中将。他曾参加过许多历史性战役。他在私生活上一向俭朴刻苦和坚忍不拔。

普希金带来的公文极其重要，其中建议诺沃罗西亚地区移民监督官接受比萨拉比亚全权总督的职务。

公文的附件却令人奇怪，涅谢耳罗德在附件中对送交急件的信使作了详细的心理分析。信里充满对普希金的关怀和同情，这在当时圣彼得堡当局来说是极其少见的。

外交部的介绍指出，普希金的童年没有欢乐，使他产生"一种渴求独立的愿望"。信的起草者既不隐讳自己对"少年人异乎寻常的天才"和他"强烈的想象力"的看法，也不隐讳自己对年轻诗人的真正"名声"的了解。尤其是对普希金的革命诗的评语特别有意思：

　　某些诗歌作品，尤其是关于自由的颂诗，引起政府对普希金的注意。他的诗尽管构思与风格都极其优美，却也表现出源于当代一些学说的危险原则。或者说得更准确些，这些原则是源于无政府主义学说。人们轻率地把这种学说说成人权、自由和民族独立的体系。

　　这封不寻常的信引起南方移民监督官的思考。这个勇敢的军人当年四次参加过翻越阿尔卑斯山传奇式的行军。他对 18 世纪的文艺思想并不陌生，而年轻时他自己也写过诗。所以，他很理解年少轻狂的普希金。

　　英卓夫是赫拉斯科夫的外甥，莫斯科共济会会员，跟拉古舍夫派诗人普宁交往甚密。他看了关于这个人权体系的新信徒的官方介绍之后，倒有自己的很多看法。

　　他认为普希金只是个毛头小子，对于生活的感悟很浅显，在政治敏感度上也比较差，但是他的确是一个可塑之才。英卓夫想好好调教这个年轻的诗人，希望他能磨掉那些不应有的棱角，能为自己所用。

　　5 月 21 日，他写信告诉卡波季斯特里亚，认为普希金的"过失"不属于"心灵堕落"，而只不过是"头脑狂热"而已。

　　英卓夫是一个富有同情心的人。他同新来的年轻人谈过几次话，明白这个年轻人在经过这番遭遇之后，最需要的并不是"忠告"，而是完全的自由和休息。只有让他放松下来，才能缓解这次"发配"给他的心灵造成的创伤。

　　英卓夫给普希金放了假，让他调整一段时间。诗人经英卓夫批准，于 6 月初与拉耶夫斯基一家登程去高加索，再由那里去克里米亚。途经顿河哥萨克聚居区时，普希金听到了顿河农民起义的消息。这次起义遭到政府的残酷镇压。

6月6日，这些旅行者抵达高加索温泉。高加索的大自然和山民的风俗使普希金大为惊异。后来，他在给弟弟的信中写道：

> 我的朋友，可惜你没有和我一起眺望巍峨的群峦、结冰的诸峰。从远方看去，迎着朝霞，它们宛如朵朵奇异的云彩，五彩缤纷，岿然不动。可惜你没有和我一起登上别什图、玛舒克、铁山……这五峰之巅。天堂般的高加索，亚洲炎热的边疆，各方面都是引人入胜的。

普希金了解了哥萨克村镇的日常生活，"欣赏我们的哥萨克：永远骑在马上，永远准备格斗，永远处于戒备状态！"

他在一封信的结尾写道：

> 你想想吧，我是不是很幸福，在一个可爱的家庭里自由自在、无忧无虑地生活：我如此热爱而从未享受过的生活；令人愉快的南方的天空，迷人的地方，令人心旷神怡的大自然；群山，花园，大海。

在从高加索赴克里米亚途中，普希金在黑海上航行途中创作了哀诗《白昼的巨星已经黯淡》：

> 白昼的明灯熄灭了，
> 黄昏的雾气笼罩在蔚蓝的海上。
> 喧响吧，喧响吧，顺风的帆，
> 在我的脚下汹涌吧，阴郁的海洋。
> 我回顾那远去的海岸，
> 那令人陶醉的南方大陆的边沿，

我激动地、抑郁地向那里恋恋望去，

沉湎于无限的回忆……

这首哀诗在他的创作中揭开了浪漫主义的序幕。这一时期，普希金正在读英国著名诗人拜伦的诗歌。他认为，拜伦的诗歌让人神魂颠倒。普希金对拜伦的作品已经迷恋到一定程度，这样的迷恋促进了诗人普希金在创作中浪漫主义方面的发展。

最初，这首诗使用"哈德里·哈罗德"离开英国时的告别语作为题词。在 19 世纪 20 年代出版的抒情诗集中，这首诗甚至还附有作者注明"仿拜伦"的字样。

但需要强调的是，当时模仿一词常常表示利用诗的某种格式进行独立创作，实际上并不是完全照搬照抄。就像我们国家的宋代的词一样，在一个词牌的格式下可以创作出许多不同的词。普希金模仿拜伦也是从这个格式的意义上说的。

普希金的浪漫诗在实际内容上和拜伦完全不一样。拜伦写的是内心绝望的空虚和在沙漠似的世界上的可怕孤独；普希金诉说的是心灵的复活，是"陶醉"于回忆的景象中不能自拔，是因为爱情受了伤而无法医治的无奈。这些都证明普希金的心灵并没有死去，他是在浪漫诗创作上快步前进，而旅游是最能激发新的感受的方式。此时他的诗中只保留了《大海告别歌》的体裁。

这种体裁使诗的主题更富于诗意，而诗的主题就是离开虚度了青春的祖国海岸，驶向可以忘却一切和赢得平静的陌生王国。这种诗的题材在普希金的早期作品里也曾出现过，然而到这个时期他的作品风格则迥然不同了。

普希金在黑海哀诗里直接抒发自己的思考、告白和希望，用接近口语的自由体诗直抒胸臆，诗在感情上也属于自己的第一首浪漫主义哀诗。

普希金埋怨逝去的青春年华。诗人对上流社会的虚假与伪善已感到厌倦，他心中充满失望和对生活的不满情绪。他感到自己身上正经历着一场心灵上的革命，新的浪漫主义的探索使他焦躁不安。

浪漫主义的景色，普希金视为狂放不羁；气势磅礴的元素和浩瀚无垠的海洋那阴郁的美，与诗人叛逆的、热爱自由的情绪是完全一致的。这种诗与18世纪的唯理论哀诗思想极其不同。在普希金的浪漫主义哀诗中，大多是表达诗人的内心世界的感情、亢奋的心境和情绪。

正是由于普希金的这种浪漫主义的表现，他的这种浪漫主义很快就带上了政治色彩，并渐渐转化为具有深刻心理分析的现实主义。不过，这首诗好像在他的少年时代和青年时代之间、在圣彼得堡和克里米亚之间、在《鲁斯兰和柳德米拉》和南方长诗之间，划出一条明显的界限。

密谋总部的交际圈

1820 年 9 月 21 日，普希金经过辛菲罗鲍尔奔赴新的上任地点基希涅夫，因为英卓夫早已到那里就任比萨拉比亚全权总督了。

普希金到达这个新地区的行政中心，在这个新省份一家"俄国移民"开设的旅店里住下。英卓夫将军住在旧城城邦的总督府。普希金为去见他，不得不穿过许多狭窄的街道。

道路七扭八歪，有的地方甚至被贝克河混浊的水流冲断了。他经过一排排低矮的小石屋，一些又窄又小的院子，几家用沉重的石柱子支起拱顶的昏暗的店铺和东方咖啡馆儿。

总督府的二层白楼坐落在高冈上，在小花园的树木掩映之下岿然不动。在宽阔的庭院里，饲养着各种漂亮的鸟，有孔雀、白鹤、火鸡，还有不同品种的鸡和鸭。它们在栽种着欧洲夹竹桃的木桶中间悠闲地走来走去。

台阶下面，有一只被锁住爪子的比萨拉比亚鹰在看门。每天一清早，英卓夫亲自给这群鸟喂食、喂水。一群群斑鸠在阳台附近盘旋，在捡麦粒和稻米吃。

"这是我的卫兵，它们最喜欢吃的，也是萨故秦黍米。"英卓夫微笑着说。

老人平易近人，待人亲切，再次令普希金感到敬佩。英卓夫和上一次一样，又给普希金完全的自由，让他去观察当地的风土人情。这为普希金的创作提供了很多好的素材。

这是一座民族杂居的城市。因此，普希金关于"服装和肤色、民族、语言、地位等"极度混杂的诗歌正是写于此地。在原有的罗马尼亚人、土耳其人、希腊人、犹太人、亚美尼亚人、摩尔达维亚人、多瑙河以南的斯拉夫人、吉卜赛人、乌克兰人和德国人之间，如今又增添了新来的俄国人。俄国人中有军人、官吏，还有为数不多携家眷来的移民。

另外还有大批逃兵、分裂派教徒、参加过布拉文暴动的顿河哥萨克。非斯卡帽、缠头、长衫和黝黑的脸孔，使这座城市具有一种鲜艳的特色，所以常常让外来人把这里当真看作比萨拉比亚的"亚细亚"。其实，这是一种有些夸大了的印象。不过这些形象还是很能反映这个地方复杂的人口和民族状况。

普希金曾把克里米亚叫作"豪华的东方"。因此，在他游历了克里米亚之后，觉得这里相当贫穷落后，房舍密集，人们都忙忙碌碌，外省人竞相效仿巴黎和维也纳的时髦风气，与其说像亚细亚，倒不如说更像毗邻的巴尔干半岛国家。

这座城市具有土耳其欧洲部分的一系列特征：既没有鲜明的统一的民族性格，也没有历史文物或其他民族文化遗迹。然而，这种五彩缤纷的风俗和仿佛国际骆驼队的货栈一样繁杂的本身，让这个城市具有不寻常的特色，进而激发了诗人普希金的艺术兴趣。

就普希金的创作而言，比萨拉比亚跟高加索和多利达一样，是他创作上高产的地方，正是在这里诞生了他的南方长诗中最重要的一部长诗。

在基希涅夫，跟普希金最接近的人是米哈伊尔·奥尔罗夫。此人是"阿尔扎马斯"成员，绰号叫"莱茵"。他在这里指挥一个师，并且已经是秘密团体的正式成员。

奥尔罗夫"性格活泼热情"，是个出色的演说家。他被看作"优秀人物"和"青年领袖"。这是一位全方位的政治活动家，曾于1814年参加《巴黎条约》的签订，曾向沙皇递交过取消农奴制的请愿书，曾大胆地对亚历山大一世把立陶宛从俄国分割出去的意图公开表示反对。

早在 1814 年时，他就参加过叫作"俄国骑士团"的秘密团体。这个团体的宗旨，在于发动政变，好在俄国建立新的国家机构。从1820 年开始归他指挥的第十六步兵师，不久就成为南方"十二月党人"的主要中心之一。

奥尔罗夫反对体罚之刑事，关心士兵的生活疾苦，这在以残酷著称的军队当中是很了不起的进步。他向团队下达的命令，反映了幸福会的人道主义精神，对下级指挥官是一次重新教育，也是在实际上同阿拉克切耶夫制度进行斗争。

对于被流放的普希金，奥尔罗夫像对待同志和朋友一样对待。普希金到达后第三天，便成为了这位师长公开宴席的上宾。当地具有反政府倾向的年轻军官们，都来参加宴会。

在奥尔罗夫家，有关政治、哲学和文学的激烈争论总是无穷无尽。

逐渐地，这里形成一种特殊的气氛。这里是基希涅夫最大的文化中心，有许多人甚至认为，这里就是"雅各宾派的俱乐部"。

普希金早期的激进思想，在这些有教养、有才干的进步青年当中得到了极好的锻炼。这些青年人敢于大胆地、尖锐地批评当前的整个国家体制。

普希金在奥尔罗夫的宴会上结识了伊凡·彼得罗维奇·利普兰基中校。这位中校在普希金传记的比萨拉比亚一章里占有非常重要的地位。

利普兰基是基希涅夫师一个不同寻常的人物。

他既是一个赌徒又是一名学者，他还是秘密团体基希涅夫基层组织的成员和出色的语言学家，从见面的第一天起就引起了普希金的极大兴趣。

普希金愿意和他交朋友，并不止一次得到他的支持和赞同。这个中校专门研究土耳其的欧洲部分，因为按照沙皇政府的计划，土耳其的欧洲部分迟早要并入俄国版图。他的藏书主要是近代的历史和地理书籍。普希金在他的藏书中发现不少稀有的、珍贵的版本，书中往往带有绘图、地图和版画。

利普兰基既是饱读经传的学者兼藏书家，又是一个出名的决斗专家，几乎每一次决斗都落不下他。普希金后来在小说《射击》中所描写的决斗情节都是根据他讲的决斗情况而描写的，而且小说主人公西耳维奥也带有利普兰基的某些特征。

普希金在利普兰基的住处认识了一些塞尔维亚军事长官，他们的作用是给上校送来研究土耳其情况所必需的情报。

普希金从他们那里听说了塞尔维亚解放运动著名领袖黑格奥尔吉的女儿。普希金在基希涅夫创作的头几首诗中，有一首是献给"黑格奥尔吉的女儿"的。

诗中对这位在巴尔干斯拉夫反抗土耳其统治者的民族斗士作了粗犷的描写。这位著名领袖的女儿在斗争中光荣牺牲了，她被称为"自由战士"。

普希金以极大的兴趣收集这里的民间传说和民歌。在新城有一家"绿色饭店"，他经常跟朋友一起到那里去吃晚饭。饭店里有个女侍，叫玛柳拉。他把这个响亮的名字记在心里，并写进比萨拉比亚的长诗中去。

我久久地叨念着玛柳拉，

这个可爱的姑娘的芳名。

这个年轻的摩尔达维亚姑娘，常常唱歌，为顾客消愁解闷。其中有一首歌的曲调引起了普希金的极大注意。

一同吃饭的朋友们把这首残酷的抒情歌的情节讲给诗人听。

这首歌中叙述的故事十分悲惨，而且情节发展迅速。姑娘唱的是一个小伙子爱上了一个黑发的希腊女郎，可是这个女郎对他变了心。后来小伙子杀了这个希腊女郎。

没过几天，整个基希涅夫都传诵着普希金在玛柳拉的摩尔达维亚歌曲的启示下写的诗歌。11月8日，奥尔罗夫将军沿多瑙河和普鲁特河检查边防线回来，正接见手下的军官，普希金走进来，师长拥抱了他。接着，师长便开始朗诵：

> 于是我从刀鞘里拔出了战刀，
> 推倒了这个负心女子，
> 并怒气冲冲地用脚踩她。
> 我至今还记得她那热烈的恳求，
> 看见她那张开的嘴唇跟我亲吻。
> 我把他们的尸体抛进多瑙河的波涛里，
> 用黑披肩擦干净我的战刀……

普希金听了之后笑了起来，他的脸也红了，说："怎么，您已经知道了？这首诗歌是我根据民间传说故事写的。"

"你这首叙事诗太好了！意思完整，故事情节跌宕起伏；诗句语言非常优美，简直是天籁之音。这样的诗句似乎只有天上才有。你真是个写诗的天才。"奥尔罗夫说。

"你的诗已经在这里被传唱开了，现在这里最时髦的话题就是谈论你的这首诗了。大家都在夸赞这首诗，大家都为这首诗着迷。他们有的人听了这首诗竟然会流下热泪。"奥尔罗夫继续说。

"其实也没那么好，这只不过是因为这个传说特别凄美，能引起人们的共鸣。其他人要是知道这个故事，或许也能写出类似的诗歌。我只不过是第一个用诗的语言把它呈现给大家看的人。说到底，还是我运气好一些。"普希金说。

"以我独到的眼光，我敢说，你的这首长诗一定会流传到全国各地的，你一定可以成为一位被人们敬仰的诗人！相信我，你快熬出头了。"奥尔罗夫拍了拍普希金的肩膀。

不久，真的像奥尔罗夫预言的那样，整个俄国都唱起这首叙事诗。

当时就有3个作曲家维尔斯托夫斯基、维耶耳果尔斯基、格尼什塔为这首诗谱了曲，于是这支歌曲后来被收入《俄罗斯民歌宝库》中。

1823年，维尔斯托夫斯基谱写的浪漫曲，又编成歌剧在莫斯科演出。

到了1831年，以这支基希涅夫歌曲为基础改编成的芭蕾舞剧在首都上演。后来还带动了各种民间舞蹈的发展，土耳其舞、塞尔维亚舞、瓦拉几亚舞、吉卜赛舞等众多民族舞蹈，都以这个故事为内容编排过成功的舞剧。

抒写《拿破仑》长诗

1821 年 7 月 18 日，拿破仑去世的消息传到基希涅夫。普希金在他的本子上写下了这个日子。长时期以来不止一次吸引着他的题材，又占据了诗人的心，并且增添了新的内容。

1821 年秋，普希金写下南方时期最优秀的诗作之一《拿破仑》。《拿破仑》的大胆结构，仿佛是一篇大大压缩了的长诗。诗中展示了新欧洲全部狂风暴雨般的历史，包括法国封建制度的倒台和拿破仑的征服政策使各民族遭到奴役的情况。

这篇史诗的高峰，是把世界从不堪忍受的思想禁锢之下解救出来的俄国。普希金的真正爱国主义，表现在他既不赞美拿破仑，也不贬低他；既不为他制造"神话"，也不对他进行抨击；而是通过这个时代极其复杂的政治矛盾来表现这个时代的著名代表人物的形象。

拿破仑由于对人类的深刻蔑视，未能预见到"伟大心灵的烈火"，也就是未能预见到俄国自我牺牲的爱国主义伟大精神。他未能预料到"血战到底"的可怕誓言会有怎样的影响力。拿破仑对亚历山大一世及其左右的大臣非常了解，但是，他根本不了解俄国人民，没想到俄国人民为了捍卫自己的土地，会突然变得像磐石一样坚不可摧。

《拿破仑》这首诗是这样写的：

奇异的命运已告终结，

伟大的人物明星陨灭，

拿破仑的严酷时代，

已经无可奈何地沉落。

逝去了，胜利的骄子，

遭受审判的执政者……

我们从这几句开头，可以看到诗人对拿破仑时代终结的庆幸。他对拿破仑铁血严酷的侵略行为表示不满，认为他的行为是应该被审判的。

法兰西虽然获得荣耀，

却忘了她远大的抱负，

只能用不自主的目光，

望着她那辉煌的耻辱。

你把剑带进盛大宴会，

一切都向你拜倒欢呼。

欧罗巴毁了，阴惨的梦

在他的头顶上空漂浮。

这几句诗说的是拿破仑所在的法兰西国家是有悠久的历史和荣耀的，他战无不胜、攻无不克，是非常强大的战神。

你幻想我们俄罗斯人民，

又把天赐的和平企盼；

待猜透我们为时已晚。

俄罗斯，惯战的女王，

你把古老的权力记牢！

熄灭，奥斯特利兹太阳！

伟大的莫斯科，燃烧！

另一个时代已经到来，

短暂的耻辱一笔勾销！

决一死战是我们的协定！

俄罗斯，为莫斯科祈祷！

这几句诗说俄罗斯不是懦弱的。这一点拿破仑并不了解，他以为俄罗斯会和其他被奴役的民族一样懦弱，但是没有想到的是俄罗斯民族有决一死战的决心。

拿破仑的错误注定了他的覆灭。野蛮的征服者同俄国人民的坚强意志发生了冲突，使他贪得无厌的心愿宣告破灭，从而使俄国成为解放被征服的欧洲的英雄。

普希金描写"严峻时代"的诗作，充满着深沉的人道主义精神。诗的主题是俄国和自由，它们就像亲密的战友一样密不可分。这是对刚刚过去的历史悲剧的净化和升华。

诗人的这一伟大的思想和深刻的主题，赋予诗中的形象和诗句的结构以特殊力量。对残酷、血腥的战争的描写，是那么精练而充满力量，这使得这首诗富有一种冷酷的美。

尽管诗中包括30年中间的重大历史事件，却写得刚劲有力、结构清晰、节奏明快。全篇从头到尾贯穿着一个统一、雄壮而热烈的语调，从而使诗人对于世界命运的思考显得斗志昂扬，充满乐观精神。

关于失却的自由和濒临绝境的欧洲的诗句，充满着悲伤和同情；而描写俄国的诗句，则充满对英雄祖国的热爱和对解放欧洲的俄国人民的光明前途的坚定信心。

年轻的普希金在概括时代如火如荼的事件时所显示的灵感和高超表现力和概括性，证明他是擅长作历史综合评价和总结的真正大师。

革命思想的新发展

　　1821 年，普希金的革命思想进一步发展起来。这一思想上的进步也反映在著名诗《短剑》里。诗人透过广阔的历史背景，高度赞美了同"侮辱和凌虐"的斗争。

　　普希金在《短剑》里写道：

　　　　林诺斯锻造之神将你铸就，
　　　　不死的涅墨西斯紧握在手，
　　　　志在惩罚的短剑啊，秘密守护自由。
　　　　你是最终的裁判，受理屈辱与冤仇。

　　　　哪里宙斯的雷沉默，法律的剑昏睡，
　　　　你就化诅咒为行动，变希望为现实。
　　　　你隐伏在王位的阴影下，
　　　　或隐藏在灿烂的礼服里。

　　　　恰似地狱的寒光，仿佛神灵的闪电，
　　　　霜刃无声，直逼恶贯满盈者的双眼。
　　　　虽然置身于亲朋的宴会，
　　　　他环顾左右，忐忑不安。

　　　　随时随地，你都能找到他猝然出击，
　　　　在陆地，在海洋，在殿堂或帐篷里，

在幽静隐秘的古堡后面，

在睡榻上，在他的宅邸。

神圣的卢比孔河在恺撒的脚下呜咽。

强大的罗马倒下了，法律垂下了头；

而布鲁图奋起，他爱自由，

啊，桑德，耿直的少年，不幸的使者，

你的生命虽熄灭在刑场，

但是你惨遭杀戮的尸骸，

保留着圣洁美德的遗响。

在你的日耳曼，你成了不朽的英灵，

你使罪恶势力畏惧灾祸，

在你悲壮威严的墓地上，

一柄无名短剑寒光闪烁。

　　普希金在这里用温和的语调解释法国的革命事件。虽然他对法国大革命时期领导人马拉的人格和活动的评价都是不正确的；但是，诗的全篇和结尾对"年轻的正义化身"卡尔·桑德的歌颂，却成为革命的号召。达首诗不久就成为俄国青年政治先锋队最喜爱的作品。

　　1822 年 2 月 5 日，萨巴涅耶夫军长亲自从蒂拉斯波耳前来会见英卓夫。普希金听到了他们谈话的部分内容：老将军坚决要求逮捕弗拉基米尔·拉耶夫斯基，以便揭露一场军事政治阴谋。

　　当天傍晚，普希金敲开好友的房门，向他透露了老将军要逮捕他的消息。第二天早晨，拉耶夫斯基果然被捕。他被指控为幸福会成员和在士兵及基希涅夫兰卡斯特士官学校学员中间进行革命宣传。他被押到军部所在地蒂拉斯，并被关进监狱。

　　在普希金于基希涅夫结识的朋友当中，一位最要好的朋友就这样被夺走了。弗拉基米尔·拉耶夫斯基不断在普希金身上培养秘密会员的革命爱国主义，与官方对沙皇的赞美相反，他向《自由颂》的作者指出真正的历史是人民创造的。

拉耶夫斯基有一个"无声的人民"的提法，他说人民的沉默无言和忍受枷锁就是受压迫的祖国最大的不幸。这种思想，普希金铭记在心，过了 3 年之后成为他的历史悲剧的主题。

对拉耶夫斯基命运的关心，可能使普希金想起了这位被幽禁的朋友关于利用祖国古代题材进行创作的指导。诗人想起卡拉姆辛引用编年体史学家关于奥列格之死的故事，追忆自己参观基辅遗物时的印象，着手写一首优美的短篇叙事诗。普希金利用古代传说来表达自己写诗的基本原则：

魔法师不害怕强大的君主，

也不需要大公的赏赐……

诗人这种独立、语言真实和自由的原则，在政治很黑暗的沙皇专制统治的环境中显得更加高贵和勇敢。这个原则的确符合普希金的生活实践，他继续到处公开发表反政府的观点。普希金在基希涅夫的一位熟人说：

他不论在总督家里，还是在大街和广场上，随时准备向

任何人证明，凡是不希望俄国改换政府的人都是坏蛋。

历史题材继续激动着普希金的心。1822 年，他写下了关于 18 世纪俄国史的《札记》，对彼得大帝的评价是："他不怕人民自由，因为他相信自己的强大。"他对叶卡捷琳娜的评价是："她是穿着裙子、戴着王冠的伪君子。"这些评价都非常中肯。

对俄国面临的任务，普希金也说得十分清楚："我们的政治自由同解放农奴是密不可分的。"诗人以其对俄国作家的政治斗争一贯热情的关注，为这个臭名远扬的女王在祖国文学界取得的"胜利"编了一份出色的战报：诺维科夫被幽禁；拉吉舍夫被流放；克尼亚日宁遭到迫害……

普希金创作上的成长，在《致恰达耶夫》的优秀诗篇中也表现得很清楚。诗中把忙忙碌碌的圣彼得堡的酒宴同诗人在遥远的南国闭门创作，作了鲜明对照。

他内心里的深刻变化，通过他摆脱上流社会的诱惑和重操旧业、重新获得旺盛的灵感而揭示出来：

静谧的女神缪斯又出现在我眼前……

全诗渗透着一种特殊的斯多噶精神——对命运的不公毫不介意和孜孜不倦、刻苦耐劳的精神。他用缓慢的节奏、沉思的语调，刻画出聪明过人的好友的精彩肖像。这位好友曾教导他在遭到不幸时要坚强不屈，对流言蜚语要毫不介意，对自己的革命任务要无比忠诚。

普希金住在基希涅夫的最后一年，这座城已经不是南方密谋的中心了。

1823 年 4 月 18 日，来·费·奥尔罗夫由于放任军队里的革命宣传而被撤销第十六步兵师师长的职务。"奥维德"分会被查封。弗拉基米尔·拉耶夫斯基在蒂拉斯波耳监狱已经被关押了半年之久。奥尔罗夫的另一名副官奥霍特尼科夫于 1823 年 11 月也被免职。第二集团军司令部采取"解散幸福会"在基希涅夫的基层组织的行动，已大功告成。

普希金在比萨拉比亚的时期，学到了不少新的词汇和鲜为人知的民间故事。他学会了摩尔达维亚语言，还从吉卜赛人未经过加工的语言中发现了许多对诗歌有用的成分。

在比萨拉比亚，"草原上的歌声"和民族杂居地区的传说，引起了普希金很大的兴趣。他在伊兹马伊尔，根据当地居民的口述，记录了夹杂大量伊利里亚词汇的斯拉夫歌曲；在基希涅夫，他搜集了关于希腊起义事件的历史歌曲的歌词。这些事件包括托多尔·弗拉基米列斯基被害和保加利亚民族运动领袖比姆巴希－萨瓦被刺。

英卓夫办公室的一个小官吏列克斯向他讲述了比萨拉比亚著名大盗基尔贾利的奇异经历，于是诗人用诗歌形式记载了"官吏和诗人"的对话：

> 到哪里去？
> 到监狱去。
> 今天我们要释放基尔贾利，
> 并把他撵出恰尔达维亚……

后来他把这个形象写成独特的人物肖像。诗人在比萨拉比亚的停留即将结束，他积极探索新主人公和与之相适应的新史诗形式时期也接近完成。整个基希涅夫时期，年轻的普希金努力通过不同手法对基本体裁进行尝试。

他在南方写出头几首高加索和克里米亚的抒情叙事诗。他的《加甫利亚德》是一篇出色的模拟《圣经》的讽刺诗。

《瓦吉姆》是一首长篇史诗。这首史诗已经提出自由的主题，它是一首接近于以歌颂拉辛为主题的革命史诗。

而流传下来的《强盗弟兄》则不过是描写拉辛的革命史诗的序诗片段而已。

最后，他于1823年又着手写新"浪漫史诗"或叫"妖魔史诗"《弗拉基米尔》的提纲。这首史诗把古代神话同历史融为一体。

> 不受洗礼的异教神，怂恿东方骑士团进攻基辅；一位公爵爱上了亚马逊公主阿尔米达；魔法师和术士大显身手；叶鲁斯兰的宝剑闪闪发光……

《祖国之子》杂志于1823年预告说，普希金正在写的古代传说故事，就是这个《弗拉基米尔》。

当诗人正准备再次转向童话的幻想和神奇古代传说的紧要关头，在他面前突然展现出通向生活和现实的道路：他准备如实描写年轻俄国代表人物的新体裁开始形成了，这是由真诚的告白和心理描写构成的长篇故事。

从此，这篇故事就伴随诗人走遍他生活道路中的全部行程，直至19世纪30年代的转折为止。直至那时，他才不无惆怅地跟"自己的奥涅金"分手。然而到那时，诗人心爱的作品已成为俄国文学史伟大的作品之一。

奔向自由港

1823 年 5 月末，普希金请了假，离开了基希涅夫，从比萨拉比亚中部往西南走，前往敖德萨。一路上景色凄凉，荒无人烟，路从一片无水的草原中间通过。

这座黑海附近的城市风景宜人，市面热闹非凡，这让普希金又心情愉悦起来。据 19 世纪 20 年代居住在敖德萨的人观察，这座城市很像在荒野中展开的一条色彩缤纷的土耳其围巾。

这里跟基希涅夫不同，有书店、法文报纸和歌剧院。天蓝色的哈治贝深水港帆影点点，彩旗飘飘。每天都有大批商船来到这里，有的来自安纳托利亚的城市和希腊的岛屿；有的来自利凡特和亚得里亚海；有的来自马赛、热那亚和英美各大港口。

这些船只把殖民地商品送到普拉东诺夫防波堤上，同时也带来了最新的政治消息。普希金从来也没有像在敖德萨海岸漫步时这样渴望逃往海外，他也想能像他的偶像拜伦一样去希腊参加解放斗争。他希望摆脱沙皇政府迫害的计划从来也没有像现在这样有可能实现。

普希金的这次旅行也是因公事的关系。从敖德萨刚一建成就管理这座城市的外国人，从今天开始，就要由俄国行政长官来接替。这位长官肩负着在新地区建立俄国管理体制的任务。

这个任务相当艰巨，因为这片自由港已经形成了属于它自己的社会生活方式。自由港的海关特点把敖德萨跟帝国的其他部分分开，因此，这里也是俄国最自由的地方。

外地来客都喜欢这座城市，所以才这么说。阳光和外国的黄金源源不断地向这里涌进来，而警察和其他规则的限制非常少。外地来的人有一半是从内地省份逃出的难民，他们在这里可以找到合适的工作而不必为没有身份证烦恼。

这里也有秘密团体。这里的秘密团体是由有反政府情绪的青年组织形成的。这个组织叫作"独立者协会"。他们的成员都把普希金的《自由颂》和其他革命诗篇抄在自己的本子上，作为他们学习的内容。这些诗篇在当地黎塞留中学的学生中间也秘密流传了很长时间。

有一次普希金询问敖德萨的一个学生："您读过普希金的作品吗？"

学生回答："学校禁止我们读他的作品。学校说他的作品是反动的，有辱于国家尊严的。"

这座新城市跟摩尔达维亚一样，最吸引普希金的地方不是总督办公室官吏的聚会或富豪批发商人的客厅，而是敖德萨的劳动者阶层、"十二月党人"和文化界。

诗人在南方的游历之所以在他的传记中留下明显的痕迹，正是因为他在这里找到了真正的社会新文化的源泉，找到了大无畏的进步人士。他们哺育着他的思想和创作。

普希金在这里迎接到了他的上司，担任全权总督的沃隆佐夫。他的官衔是侍从将军，爵位是伯爵。他出身于18世纪仕宦贵族中赫赫有名的沃隆佐夫家族。

他早就享有著名将领和行政要员的盛名。米哈伊尔·沃隆佐夫的父亲叫谢苗·沃隆佐夫，是位外交官，曾经担任俄国驻伦敦大使。

普希金在圣彼得堡的朋友们，同沃隆佐夫进行过一些关于如何安排普希金工作的商谈。新任南俄长官同意让普希金到自己部下任职。于是，普希金便从基希涅夫调到敖德萨，被安排到诺沃罗西亚总督府外事处工作。

同普希金一起办公的是青年诗人图曼斯基。他出生在乌克兰，留在圣彼得堡读过书，并在圣彼得堡开始自己的文学生涯，同克雷洛夫、格里饱耶多夫、雷列耶夫、别斯图热夫、戴里维格都有过接触。

他还是"俄罗斯语文爱好者自由协会"的成员，他赞同阿尔扎马斯派对诗歌的观点和"十二月党人"对俄国政体的看法。图曼斯基作为诗人，对普希金佩服得五体投地。

普希金是在最优美的音乐伴奏之下完成他的克里米亚长诗的。意大利歌唱家从 1805 年开始在敖德萨演出滑稽歌剧。普希金来到这里时，恰好赶上比萨剧院老板布奥纳沃利奥的歌剧班子演出。他听到女歌唱家里科尔迪、维塔莉和卡塔拉妮的精彩演唱。

这里演得最多的还是年轻的剧作家罗西尼的作品。他的才华当时已使整个欧洲人民为之倾倒。他的歌剧经常演出的有《阿尔及尔的意大利女郎》《塞维利亚的理发师》《切内伦托拉》《喜鹊女贼》等。

这种新艺术使他的心灵得到新生。据普希金说，意大利歌剧让他想起了"往日的岁月"，即在彼得堡看歌剧的情景。如果说在希基涅夫克卢皮扬斯基剧场里，他常常想起谢苗诺娃和科洛索娃，如今在这古典式多层包厢的辉煌大厅里，既有交响乐队，又有一流的演奏家，那么他该想起的演员就更多了。

由于看歌剧入了迷，经常出入歌剧院的普希金很快认识了剧场经理、商务顾问伊凡·斯杰潘诺维奇·里兹尼奇。这个人原是达尔马提亚人，如今进入年轻的敖德萨社交界，并被认为是最有文化的人物之一。

不久，里兹尼奇就把普希金介绍给他的年轻妻子。她名叫阿玛莉亚，是一个体弱多病的美人。普希金非常欣赏她的病态美，那种娇柔的样子让普希金心里激动不已。

普希金在她的启发下写了很多爱情诗。普希金的赞赏之情一下子就变成了炽热的爱情，使他经历了一番苦痛和折磨。由这种感情所引出来的著名抒情怨诉诗《你会原谅我的妒忌的梦想吗？》证明，普希金第一次感受到爱情不是欢乐和享受，而是痛苦和烦恼。

　　的确，这种极度热烈的感情很快也就消失了。普希金的爱情跟他的恋人的生命之火熄灭得一样快。1824年春，阿玛莉亚·里兹尼奇回到意大利，不久就去世了。普希金为了纪念她，又写了一首《在她祖国的天空下》。这首诗也成为普希金比较著名的爱情诗。

　　对于使普希金"改恶从善"的任务，沃隆佐夫的理解跟英卓夫有些不同，他的理解是用他的崇高地位庇护这个被流放的诗人。一心追求独立的普希金，却无法理解上司的良苦用心，他自由惯了，接受不了这样的"爱护"。

　　他1824年6月7日于敖德萨写的一封信说：

> 那种古代的庇护关系早已不时兴了。我们谁也不想找一位文明的权贵来宽宏大度地庇护我们。我们现在的文学是高尚而独立的，也只能是这样。

　　普希金的上司有意安排他学习一些外交和外事方面的知识，普希金就利用这个机会在上司的藏书里学习了很多珍贵的著作。他在那里找到了一些外国的政治类书籍，还有一些珍贵的绘画手稿。在这些书籍的充实下，普希金的知识范围得到了进一步扩展，这也为他的创作提供了非常积极的思想基础。

　　普希金在这里创作了一首浪漫长诗《茨冈人》。这部长诗是于1824年秋天完成的。《茨冈人》发挥了《高加索俘虏》的题材。这两部长诗的主人公极为相似。像高加索的俘虏一样，阿列哥逃离"窒息的城市的奴役生活"。那里：

> 恋爱又害臊，压制新思想，
> 把自己的自由拿去拍卖，
> 对着偶像，顶礼膜拜，

求的无非是金钱和锁链。

阿列哥对上流社会的生活感到不满、失望，他是"上流社会的叛逆者"。他认为，他能在淳朴的宗法制的环境中，在不服从任何法律的自由人民中间找到幸福。阿列哥的情绪是对由于革命风暴和社会动荡引起的对现实不满的浪漫主义情绪。

普希金同情自己笔下的主人公，因为他们一样都是被流放的犯人。与此同时，阿列哥作为一个浪漫主义人物，也受到批判性的理解。他爱情的不幸，他心中迸发的醋意，杀害茨冈女人的行为，说明阿列哥是个在寻找卸去自己枷锁方法的同时却企图给另一个人戴上枷锁的个人主义者。普希金已不再把拥有自由的思想而实际上内心却并不自由的主人公联系起来了。因为这个可怜的主人公还受到个人主义心理的毒害。

为了与卢梭和夏多勃里昂辩论，普希金在长诗中还贯彻一个思想：一个"在窒息的城市的奴役生活中"教育出来的人，在大自然的怀抱中不可能平民化到适应宗教、法律生活的程度，也不可能摒弃文明对他所培养出来的结果。普希金把人放在对客观现实的一定的依赖地位上。

他指出，茨冈人的意愿是不可实现，茨冈老人的一生和泽姆菲拉的命运也都是悲惨的。长诗以下面的诗句结尾。

但是，大自然的贫穷子孙，
在你们中间也没有幸福。
在那破破烂烂的帐篷底下，
你们做的是痛苦的梦。
你们到处流浪的帐篷，
在荒原里也未能免于不幸，

到处是无法摆脱的激情，

谁也无法与命运抗争。

　　在长诗《茨冈人》中，刚刚勾勒出普希金向现实主义过渡的轮廓。对人物性格的描述更为有血有肉，多姿多彩。长诗虽然属于浪漫主义的范畴，但是它与社会环境的联系更为紧密。

　　在《巴赫奇萨拉伊的喷泉》中所体现的与不同文化互相抵触的思想，也贯穿于《茨冈人》之中，但体现得更为深刻。普希金对其中的地方习俗的描写可能比《高加索的俘虏》中的更加满意。与《高加索的俘虏》不同，在《茨冈人》中，茨冈人风俗的描写和民族风俗的细节是与情节的发展紧密联系起来表现的。

　　这里，普希金由描写激情中的浪漫主义抽象性转变为对激情作现实主义的说明。在《茨冈人》中，除了抒情长诗的抒情用语和风格之外，也可以见到那些后来发展为现实主义风格的成分。这些现实主义主要是体现在描写茨冈人的日常生活中。

他们的大车半围着壁毯，

就在车轮之间笼起篝火；

一家人围着火做晚饭；

马儿在野地里放牧；

驯熊躺在帐篷外面，

自由自在，不用锁住。

　　在泽姆菲拉热情洋溢的歌声中，有着比切尔凯斯女神之歌更为浓郁的民族色彩。长诗中的情节加工较为细腻，抒情要素起的作用较小。

　　在《茨冈人》中，我们还可发现叙事性文体。普希金认为在这一时期的俄国文学中发展这一文体具有重要的意义；而且可以发现，戏剧性的对话这一客观地、艺术地表现生活的手段加强了。茹科夫斯基给诗人写信道：

我没有见过在文体上比你的《茨冈人》更加完美的作品了。

普希金在这里还经常和一些有才华的年轻人士进行热烈的讨论。其中最经常接触的就是上司的医生，人们叫他威廉·古特琴逊博士。他不仅仅是一位医生，还是一位学者和作家。普希金跟他学到了"纯无神论的课程。"

在这里普希金还结交了一些社会名媛，其中有总督夫人伊丽莎白·克萨维里耶芙娜·沃隆佐娃。她是积极乐观又有才华的女人。普希金对她非常钦佩。普希金的很多诗都是在她的启发下写成的。比如《天使》《护身符》《你可爱情影的最后一次》等。

另外他还认识了社交美人卡洛琳娜·索班斯卡娅和她的妹妹埃维利娜·甘斯卡娅。与这些社交美人的交往扩大了普希金的视野，让他在创作中接触到新的人物素材。

当地的历史学家把宾捷雷比作圣爱伦岛。圣爱伦岛是拿破仑覆灭的象征。

宾捷雷的城墙令旅行家想起另一个征服者生平中的一段浪漫故事。这个征服者貌似强大，不可抗拒，却也为自己过分的虚荣心而受到惩罚。

具有历史意义的古迹向来吸引普希金的创作注意力，并激发他写出爱国主义的诗篇。

不久，他在利普兰基的陪同下，到达德涅斯特。利普兰基随身带着几本关于瑞典国王在宾捷雷驻留的古书，古书中有诺尔登贝格附有地图的大开本著述和德·拉·莫特莱配有版画的旅行记。

利普兰基在他的回忆录里写道：

> 我们出发到瓦尔尼查村的遗址去，随身带着诺尔登贝格文集的第二卷和莫特莱的著作，书上有几幅查理十二的全身画像，一张画着营垒、战壕的平面图和瓦尔尼查工事建筑的正面图……野地里一些高低不平的地方，正是古时堡垒的遗迹。

普希金在他的第一首北方长诗中，记述了关于这次在南方寻找当地古迹的旅行回忆。

> 在宾捷雷荒凉的工事四周，
> 如今有一长排磨坊的风车，
> 好像和平的围墙将它围住。
> 在那些武士的坟墓旁边，
> 成群的水牛在任意漫步。
> 只有古城的断壁残垣和长满苔藓的
> 深深陷入地下的三磴石级，
> 是瑞典王的遗迹……

这部长诗的结尾反映出普希金对于古代土耳其监狱的印象。然而，1824 年诗人已经产生了新的创作欲望。在他的想象中，浮现出另外一些景象。

有一次，普希金和当地的一个老人打听有关马泽帕的故事。他问道："慈祥的老人啊，您知道马泽帕的故事吗？听说这里还有些历史遗迹，您能讲讲吗？看您的年纪，一定有很深的阅历，希望您能跟我这个年轻人讲讲这些故事。这对于我来说很重要！谢谢您了！"

但是这位老人却说："我也活了这么一大把年纪了，我从来就没听过什么'马泽帕的故事'，也不知道什么古墓或者遗迹。"

无论普希金怎么说都没有得到最终他想要的答案。

> 一位忧郁的异乡人来到此地，
> 徒然寻找盖特曼的坟墓：
> 马泽帕早已被人们忘记……

普希金在长诗的结尾满怀惆怅地说明，他 1824 年的考古调查毫无结果。但是，这一次学术考察也不是没有一点用处。正像克里米亚是《奥涅金》的摇篮一样，宾捷雷是《鲍尔塔瓦》的摇篮。

第二次被发配

没过多久，沃隆佐夫就感觉出，新来到办公室的办事员是属于敌对阵营的人物。他觉得普希金是一个专为平民写诗的粗俗的平民知识分子和危险的政治活动家，危险性极大。

这时，沃隆佐夫最后形成了对普希金的意见，作保护人的打算已经不存在了。"十二月党人"谢·格·沃尔康斯基说：

> 贪权仗势的沃隆佐夫在诺沃罗西亚摆出东印度总督的架势。对于普希金的不受管束，他是不能容忍的。

沃隆佐夫决定把普希金赶出敖德萨，于是在 1824 年 3 月向涅谢耳罗德正式发文，要求把这个官吏调往其他省份。5 月 2 日，他再次请求涅谢耳罗德让普希金离开他这里。

1824 年 5 月 22 日，普希金接到上司的公文，要他去县城调查赫尔松省发现的蝗虫还有灭虫的效果如何。

诗人认为这个命令是侮辱性的挑战。他完全了解沃隆佐夫这样做的原因。他后来写道：

> 写诗是寥寥可数的天生诗人的特殊爱好。这种爱好吞噬和消耗他们一生的全部精力、全部印象……

诗人试图正式推辞这次差事。他给沃隆佐夫办公室主任写了信，这个主任也尽力帮忙，可是上司没有同意。无奈之下，他只好去赫尔松省去了。

但是，诗人内心的反抗仍很强烈，这件差事他并没有认真去做。普希金像闪电似地在赫尔松、伊丽莎白城附近转了一圈，一共用了四五天时间到一些县衙门去收集情况和亲自考察受灾地区。他大概并没有去亚历山大利亚，于5月28日便返回敖德萨。

关于《蝗虫飞来了》一文曾流传过一种传说，说是诗人曾把它直接交给沃隆佐夫。实际上普希金交上去的是一份更为重要的文件，那是他写给沙皇的辞呈。

此时普希金的偶像拜伦因病去世，普希金非常伤心，写下了悼念拜伦的诗：

> 在自由即将来临之前，
> 他高傲地迎接了死亡。

1824年8月9日，因为崇拜"反动诗人"拜伦，普希金被发配到北方乡村。

马车在地主庄园的古树旁停下来。祖传的树林一片昏暗，在红松林旁边有个荒凉的小庄园，"栅门已破旧，院墙也倒塌了"。这时，"眼泪、苦恼、变心和诽谤"都一股脑涌上心头。

> 我还年轻，
> 但是，坎坷的命运和千种的激情，
> 一齐向我压来，使我感到疲倦。
> 我天真无邪的青春也消磨殆尽，
> 无非由于遭到无益的考验。
> 在我心中汹涌着强烈的感情和仇恨，
> 以及苍白无力的复仇幻梦。

回到米哈伊洛夫斯科耶对普希金说来，的确是加倍的惩罚。流放变成了幽禁。普希金马上就感受到这一点。他觉得前途渺茫，人生悲惨至极。

他的好友维亚泽姆斯基在信中谈到此事，也十分痛苦。他把对普希金的这次发配叫做"惨无人道的杀害"。

普希金到家两三天之后，便被正式传到普斯科夫，于8月13日向省长冯·阿德尔卡斯做出书面保证：

我将老老实实待在父亲的庄园里，不会随便离开。保证不散布任何危害社会安定的不体面的文章和言论。

普希金的这位新上司，还同省首席贵族一起制定了严密监视的措施，并得到地区行政长官的批准。普希金按照法律程序被定为国家要犯，由地区最高当局直接管辖。他就是这样回到了父亲的世袭领地。

经过4年的离别，普希金终于回到了父母身边。可是在普希金的父母看来，儿子的"政治犯"身份让他们很忧虑，他们害怕被普希金连累。

普希金的父亲年纪已经超过50岁了，他希望得到安静和摆脱一切世俗事务的困扰，只求能有空读书、会友和作诗。

儿子被突然革职，按照沙皇的旨意流放到乡村，在他看来是有损家族名誉的灾祸。一家人对普希金指指点点，指桑骂槐。父亲家里的环境，比南俄的官署还要沉闷。

普希金为了躲避家人的责难、埋怨和怀疑，恨不得离家才好。他常常骑上马穿过庄园的林荫小径，走到米哈伊洛夫斯科耶茂密的松林，沿着宽阔的马林涅茨湖湖岸，登上陡峭的山冈。5年前，他曾怀着对乡土的热爱把它写进《乡村》诗里。

祝福你，荒远僻野的一角，

闲适，劳作，和寄兴的园林，

是在这里，我的日子悄悄流去了，

陶醉于快乐和遗忘的怀中！

我是你的：我已抛弃了豪华的宴饮，

虚妄的游乐，女人的声色的迷宫，

只为了醉心于树林的和谐的音响，

为了田野的安闲自在，最宜于冥想和诗情！

我是你的，我爱这一座花园，

幽深，清凉，各样的野花开遍。

我爱这广阔的绿野，洋溢着禾堆的清香，

多少明亮的小溪在树丛里潺潺喧响。

无论转向哪里，我都会看见生动的画面：

这里是两片湖水，水波一望无垠，

在蔚蓝的水上，偶尔闪过渔船的白帆，

湖后是排列整齐的田垄，起伏的丘陵，

远处散布着稀疏的农舍，

在潮湿的湖岸，成群的牛羊正在吃草，游荡，

谷场冒着轻烟，半空旋转着磨坊的风车，

呵，到处是劳作和富裕的景象。

但是，经过南海的游历后，林区的秋色只令他感到阴沉。地界上的松树边，有一条平坦的大道直通沃罗尼奇城。

现在城中的建筑物大都坍塌了，只有周围5世纪的土墙残存着。如今这里已变成乡间墓地。

普希金在《叶夫盖尼·奥涅金》的最后一章里回忆过这些风景：

> 索罗契平缓的河岸，
> 层林如带的山冈，
> 丛林深处的幽径，
> 和我们饮酒的那间小房。
> 缪斯的降临使它蓬荜生辉，
> 年轻的亚泽科夫曾将它吟唱……

普希金到这里不久，就渴望从事创作。他打开了敖德萨笔记，在10月初完成了《奥涅金》的第三章和长诗《吉卜赛人》。他在1824年5月从敖德萨写给卡兹纳切夫的信中，清楚阐述了他对于文学家的劳动和收入的想法。

如今在《书商和诗人的谈话》中，他再次深刻地说明一个笔耕的劳动者对灵感和报酬是怎么看的。普希金在权贵、官僚和农奴主的社会里，居然申明自己要靠写作获得报酬，用以建立自己的生活。

当普希金在创作回忆中重新回味南方的印象之际，地区当局对他制定了严密的监视办法。这一差使交给了圣山修道院院长伊凡神甫。

省当局企图借治安警察的帮助，加强对普希金的全面监视。他们还想找一个可靠的贵族监视普希金的一切行动，却怎么也找不到。

阿德尔卡斯不得不找到犯人的父亲。谢尔盖·普希金在接受有关儿子所犯罪行的正式审问时，都以"不知情"为自己辩解，但是他深深感到精神上受到的折磨和对前途的悲观失望。他恭敬地听总督大人宣读决定：

> 如果五等文官谢尔盖·普希金可以完成密切监视儿子一切言行的任务，那么后者便可留给父亲监视，不必另找其他

贵族加以专门监视。

老人决定接受这个任务，是为儿子好。毕竟，血浓于水。可是他没想到自己的良苦用心竟然得不到儿子的理解。

他们父子的关系达到最紧张的程度，一场风波在11月中旬爆发了。这一天，普希金发现了父亲在翻自己的日记本。他看见父亲小心翼翼地浏览着上面的内容。普希金终于控制不住自己的情绪了。

他立刻过去抢下了父亲手里的日记本，激动地说："父亲大人，你究竟在做什么啊？"

"没，没做什么。你这么激动干什么？吓了我一跳。"父亲说。

"不做亏心事，不怕鬼叫门。你一定是有什么见不得的事情瞒着我。难道你在调查我、监视我吗？"

"没，没有。我只是感兴趣，想看看你到底在写些什么东西。"

"不要说那些骗人的鬼话了，难道你以为我不知道你和那些人的勾当吗？他们就是要你来监视我，把我写的东西交给他们，这样好换一点钱给你们，难道不是吗？"

"你，你怎么能这么说？！我有你这样的儿子真让我觉得悲哀。我们祖上一直都是轰轰烈烈的，怎么到了你这一代就变成了囚徒？我是在监督你，看看你到底还能给我们家惹多少麻烦！"

"好了！你去揭发我吧！我真为有您这样的父亲而感到耻辱！"

愤愤不平的诗人在盛怒之下，用激烈的言辞向父亲表示自己的不满。

谢尔盖·普希金为此感到大为震惊，接着儿子给普斯科夫省长写公文，要求把他从父亲家中转到某个监狱里去。这是父子冲突的顶点。之后，在亲友的劝解之下，家庭纠纷的紧张气氛稍有缓和。过了两周，父子都克制住自己的不快，冷冷地分手了。

在迷茫中成长

假如生活欺骗了你，不要忧郁，也不要愤慨！不顺心的时候暂且容忍。相信吧，快乐的日子就会到来。

—— 普希金

患难中的友情

在乡村的忧闷愁苦中，他唯一排遣孤独的方法便是读书和创作。在米哈依洛夫斯科耶村的两年时光里，他读了大量的书籍，他总是千方百计地要他的弟弟给他弄到书。

而这一时期普希金的创作，不论从数量上，还是从艺术价值来说，都超过之前的任何创作时期。特别要强调的是这一时期的作品，在民族性和人民性方面都达到了新的高度。

在这阴暗的生活中，也终究会有一些明朗的日子，那就是友人的来访。在当时的情况下，来探访普希金这个"要犯"确实需要一定的勇气，然而正是这种为难之时的探访，才更加彰显友情的真诚和宝贵。

普希金有一位叫普希钦的同学不怕被牵连，他勇敢地向米哈依洛夫斯科耶村走来了。普希钦也是后来的"十二月党人"，所以他比普希金的一般的朋友更有胆识。

当时有人劝他不要去，对他说："难道你不知道他受到警察和教会的双重监视吗？你这样去看他，很可能会被牵连的。"

普希钦回答："对这一切，我十分清楚。但我也知道，一别5年，我要去拜访老朋友，别人无权阻拦。况且他目前的处境如此凄惨，我更要去看看他，给他安慰。"

普希钦后来对这次探访写了这样的一段追忆：

离渴望的目的地已经不远了。我们终于从大道拐到小路，在森林中沿着山间小道奔驰，可我总感到不够快！我们从山上下来，离庄园已经很近了，但由于隔着茂密的松林，看不见庄园。

突然，我们的雪橇在坑洼处向一边倾斜，车夫从雪橇上摔下来。我和那位从皇村中学门槛到监狱大门始终与我为伴的阿列克赛勉强支撑在雪橇上，牢牢地握住缰绳。现在马在雪堆中间急驰，用不着再担惊受怕，因为不会摔到旁边去了。

四周是一片森林，积雪贴着马腹，不用驾驭也行。后来我们又沿着蜿蜒的小路向山上驶去。突然一个急转弯，随着一阵"叮当"的铃声，我们猛地闯进了一扇虚掩的大门。我们已经没有力气使马停在台阶前了，雪橇驶过台阶旁，陷在尚未打扫的庭院的积雪中。

我环顾四周：看见普希金站在台阶上，赤着脚，穿一件衬衣，双手高举着。我当时的心情是可以想见的。我跳下雪橇，将他紧紧拥抱，把他拖到屋内。室外寒风刺骨，可是在有些时候，人是不会感冒的。我们彼此端详，亲吻，相对无语。他忘了应该穿衣服，我也没有想到要脱下蒙着一层白雪的皮袄和皮帽。

这时是早晨8时左右。我记不清当时的情景了。一位老太太走进来，看见我们还像进屋时那样拥抱着，一个几乎光着身子；另一个满身是雪。热泪终于夺眶而出。即使现在，事过33年，热泪又沾湿了我的镜片，使我难以舍笔。我们的神志清楚过来了。

在这位妇人面前，我们感到很难为情。可是她一切都明白了。我不知道她把我当作什么人，但她什么也没有问，马上跑过来拥抱我。我立刻猜出，这就是他多次吟诗赞美的善良的奶妈。我热情地拥抱她，差一点儿使她喘不过气来。

普希钦后来因参加"十二月党人"起义而被捕判刑。在流放中，普希金第一个给了他回报，最先用真挚的语言写信到寒冷的西伯利亚，安慰他。那首《致普希钦》的诗是这样写的：

我最要好的最珍贵的挚友，

当我这孤独寂寞的庭院里，

堆满了悲凉凄清的白雪，

想起了你马车的铃声时，

我感谢命运赐予我的喜悦。

我虔诚乞求神圣的上帝：

但愿我的声音，

能给予你的心灵以同样的慰藉；

但愿它用皇村中学明丽的日子，

照亮你阴郁幽暗的牢狱！

用不着怎样去说明，谁都知道，患难与共的友情该是多么的可贵！后来诗人杰尔维格也来到了米哈依洛夫斯克村，他在这里住了15天。这期间，他们互相阅读对方的作品，互相交换意见，还合作写诗。普希金的快乐是可想而知的。

爱情穿过了牢门

　　然而，正像普希金后来在写给西伯利亚的那首著名的诗中所写的一样，"爱情会穿过牢门"来到这里，一个美丽的女子也来到这荒僻的乡村，给诗人带来了温馨和浪漫的爱情，并由此引出一首俄罗斯诗歌中最著名的爱情诗的问世，这就是《致凯恩》。

> 我记得那美妙的一瞬：
> 在我的眼前出现了你，
> 有如昙花一现的幻影，
> 有如纯洁之美的精灵。
>
> 在无望的忧愁的折磨中，
> 在喧闹的虚幻的困扰中，
> 我的耳边长久地响着你温柔的声音，
> 我还在睡梦中见到你可爱的面影。
>
> 许多年代过去了。
> 狂暴的激情驱散了往日的梦想，
> 于是我忘记了你温柔的声音，
> 还有你那天仙似的面影。
>
> 在穷乡僻壤，
> 在囚禁的阴暗的生活中，

我的岁月就那样静静地消失，

没有神性，没有灵感，

没有眼泪，没有生命，也没有爱情。

如今灵魂已开始觉醒：

这时在我的面前又重新出现了你，

有如昙花一现的幻影，

有如纯洁之美的精灵……

安娜·凯恩是普希金的女友，1819年在圣彼得堡与普希金相识，那时，她才19岁，但已经嫁给了一个50岁的将军。

"我记得那美妙的一瞬"，指的便是彼得堡的相见。1825年，凯恩来到三山村探望她的亲戚，普希金得以和她再次相见。为了缓解普希金的苦闷，凯恩用"威尼斯船夫宣叙调"为他唱了科兹洛夫的诗《春夜》。

诗人怀着无限欣喜倾听着。

凯恩在这里只住了几天。在动身之前，她走访了米哈伊洛夫斯科耶。当时是三山村所有的女士同凯恩一起在月夜里乘马车去的。

普希金在汉尼拔花园的千年古树底下招待了她们。这一天是1825年7月18日，星期六。在俄国诗歌史上，这是很有意义的一天。

奥两波娃夫人向诗人提议带领她家的客人

观赏一下花园。普希金马上领着安娜·凯恩沿着林荫小路走去，他们一边走，一边追忆初次见面的情景。这次会面让普希金感慨万千，他写下了一首歌颂爱情的伟大诗篇《致凯恩》。

在凯恩离开三山村的时候，普希金送给了她《叶甫盖尼·奥涅金》的第二章，其中还夹了这首赠诗。

后来，俄罗斯著名音乐家格林卡为这首诗谱曲，成为有名的情歌，至今仍被人们传唱。

在这首诗中，凯恩的形象被理想化，她不仅是一个女子的形象，更主要是一个"完美无瑕的幻影"，一个"纯洁之美的精灵"，是美和爱的化身。她照亮了诗人被囚禁的"阴暗生活"。

在这里，爱情已没有一丝一毫的世俗成分，而是一种神圣、一种灵感乃至整个生命的源泉。它驱散折磨诗人的"无望的忧愁"，于是一种神奇的现象出现了，这就是诗人在诗的结尾中所描写的：

> 我的心狂喜地跳跃，
>
> 为了她，一切又重新苏醒：
>
> 有了神性，有了灵感，有了生命，
>
> 有了眼泪，也有了爱情。

而这一切都是因为爱情。它是精神境界的一次升华，是沉睡的心灵的苏醒，是生命的浴火重生，是潜在的激情迸发。这就是爱的力量！

如果说，普希金的公民诗最能体现社会观点和民主精神，那么，个人诗则最能充分地展示了他的人性魅力以及卓越的才华。

在普希金看来，爱情永远是一种崇高的神奇力量。尽管它带来的也不完全是欢乐，有时甚至还有忧伤和痛苦。

重回圣彼得堡工作

1825 年 11 月末，沙皇快要驾崩的消息传到了奥波切茨县的偏僻乡村。

11 月 25 日傍晚，代替平日的家书而来的，是御前总参谋长季比奇男爵报告沙皇"病危"的公函。实际上沙皇亚历山大一世已于 11 月 19 日早上在塔干罗格病逝。

在专制的帝国，沙皇逝世是最为重大的政治事件，因为这类事件往往导致政府大政方针的改变。

普希金也可以期待新君即位会使自己的命运有新的变化。普希金热切地关心有关事态发展的消息。沙皇是否死了？圣彼得堡是否还在隐瞒沙皇逝世的消息？帝位继承人的问题是否解决了？普希金打发车夫彼得到诺沃尔热夫打听从彼得堡传来的消息是否属实。

12 月初，普希金打算秘密回到彼得堡去。开始他打算化名冒充一个与他模样相仿的农民出发，后又考虑到这样做可能会给邻村的农民招来麻烦，只好放弃了这一打算。

过了几天之后，他再也忍耐不住了，又萌发了去彼得堡的念头。11 日，他决定动身，当他去三山村辞行时，忽然有只野兔从他面前穿过。而在回来的时候，又有一只野兔在他面前跳个不停。

据说，在俄罗斯，兔子出现是不祥之兆。也许是老奶妈的故事里的神秘气氛影响了普希金，也许是缪斯女神的暗示，使得他当时有一种不祥之感而最终未能去彼得堡。

从后来发生的情形看，普希金的撤退未必不是件好事。因为他哪里知道，在首都，一场比沙皇驾崩的消息更猛烈的风暴正在酝酿、生成，而普希金此次如果成功出行，必将要卷进这场风暴之中。

从结果上看，也许俄罗斯历史上会多一位英雄，然而俄罗斯文学也许就要失去自己的"太阳"。如果真是那样，19世纪乃至整个俄罗斯文学的格局会是一幅什么样的情景，真是让人难以想象！

为了消磨这乡间的难熬的日子，普希金决定利用邻近的诺沃尔县发生的一件"诱骗事件"的素材，写一部诙谐作品。

12月13日和14日，当普希金在米哈依洛夫斯科耶村的一间烟气腾腾的房间静下心来写成这部后来定名为《努林伯爵》的长诗时，彼得堡却是一片血气。

一方面，老沙皇已死，新沙皇未定，权力出现真空地带，皇宫内外，人心惶惶。其实，按照俄国的法律和教规，亚历山大死后，应由康斯坦丁继位而不应是其弟尼古拉登基。但自古以来，不爱江山爱美人的大有人在，康斯坦丁找了个波兰女子为妻，住在华沙不肯回国当皇帝，而要拥戴弟弟为新沙皇。

可俄罗斯是一个东正教国家，宗教情绪极浓，教民不愿违反教规而拥戴尼古拉。此外，军队也不支持尼古拉。于是，亚历山大一世死后近一个月，沙皇继承人一事依然悬而未决。最后几经周折，好不容易有了眉目：尼古拉定于12月14日宣誓即位。

另一方面，北方和南方的"十二月党人"此时正在策划一场武装暴动，也就是俄罗斯历史上著名的"十二月党人"起义。13日夜晚，"十二月党人"的骨干分子在首领雷列耶夫家中开会。而雷列耶夫正是普希金要到彼得堡拜访的人。与会者中有许多人就是普希金的同学和朋友，如别斯土舍夫、普希钦、丘赫尔别凯、奥陀耶夫斯基等。

会上大家意见不一，争论不休，谁也说服不了谁。但有一点是一致的，那就是：一定要推翻尼古拉一世，不成功便成仁。雷列耶夫说："成功的可能性很小，但也应试一试。这次试验将为后人做出榜样，迟早会有所收获！宁可在现场被捕，也不能死在自己的床头。"

1825 年 12 月 14 日，当尼古拉一世准备对东正教主教会议成员宣誓登基时，警报传入冬宫，称莫斯科驻军军官禁止士兵向新沙皇尼古拉宣誓，称康斯坦丁被尼古拉关进了监狱，并包围了上议院广场，其他的参加起义的士兵正陆续到达。

起义者高呼："康斯坦丁万岁！宪法万岁！"

其实，一些士兵还以为他们所呼喊的"宪法"是康斯坦丁的妻子。大臣米洛拉多维奇伯爵想劝阻起义者，但被起义者的头领卡霍夫斯基的手枪击中，落于马下。

此时，几支效忠于皇室的军队赶到，与起义者形成对垒之势。起义者组织不力，又缺乏粮草支援，时值寒冬腊月，饥寒交迫，军心动摇。

下午 15 时，对垒之势很快被打破，尼古拉一世下令骑兵向起义者发动攻击，并下令开炮。起义者队伍大乱，士兵们再也不听头领的命令，大家争相逃命。

他们想从涅瓦河的薄冰上逃到对岸去，但最终因人多冰薄，冰层开裂，大多数人都掉进冰河中被淹死了。入暮时分，革命的战斗已平息，冬宫四周到处躺卧着一具具尸体，起义者的头领也差不多都被抓获。这次起义失败了。

12 月 14 日至 15 日夜间，尼古拉一世亲自逐一审讯起义者的首领。他软硬兼施，两面三刀，像一个演员一样施展他的表演天才：他答应给雷列耶夫的家属 2000 卢布，换得雷列耶夫的口供；他对卡霍夫斯基痛哭流涕，称这是为了俄国的不幸。他允诺给奥波连斯基的父亲写信，从而赢得这个年轻军官的好感。他答应原谅别斯图舍夫，但要他答应今后要效忠皇室，可遭到拒绝。尼古拉一世后来对普希金也是这样软硬兼施，翻手为云，覆手为雨，竭尽表演之能事。

1855 年，尼古拉一世驾崩，诗人丘特切夫为这个沙皇写了一首《墓志铭》。

你没有为上帝也没有为俄罗斯服务过，

你只是为了自己的虚荣。

你的全部作为，无论善事还是恶行，

全都是谎言，全都是空虚的幻影。

你不是一个君王，而是一个优伶。

在多次审讯之后，公布了判决的结果：

121 名被告几乎都是贵族，雷列耶夫、彼斯杰尔、别斯图舍夫、卡霍夫斯基和姆拉维耶夫·阿勃斯杜尔 5 名起义者首领被判死刑，其余全部被流放到西伯利亚。

普希金虽然没有参加这次起义，但在许多起义者的身上都搜出普希金的诗稿。而沙皇尼古拉在一些"要犯"的审讯中和交代材料中，不断地听到和见到"普希金"的名字。

别斯图舍夫说："我是在读了普希金的一些手抄诗后产生自由思想的，如《自由颂》《乡村》《我的阿波罗》；还有几首讽刺诗，就是曾让普希金吃过苦头的那几首。"

迪沃夫称："我的自由思想是从某些作品中得来的，特别是普希金和雷列耶夫的颠覆诗。"

斯坦吉尔则写道："在有文化的青年人当中，谁没有读过、又有谁不赞赏普希金的自由诗歌呢？"

一份密探的报告中这样写道："看到著名的普希金，大家都吃了一惊。他的颠覆传统思想的行为是众所周知的，可为什么在审讯案件时，他却能逍遥法外呢？"

而在这时，警方在莫斯科发现一首题名为《十二月十四日》的诗，内容是谩骂沙皇和宪兵头子本肯多夫的。据查，这是普希金的诗。在这样的时候，普希金竟敢这样写：

我们推翻了国王，

但却推举凶手成为皇上，

让刽子手们称王称霸。

这是多大的耻辱，

何等的荒唐！

这首诗的确是普希金所写，但与眼前的事件无关，它是普希金以前的诗作《安德烈·谢尼埃》中的一段，是写法国大革命的事。

但当时这首诗的出处并未真正弄清，所以给尼古拉一世的印象非常深刻。新沙皇除了表演天赋以外，还有些骑士心理，因此他想亲自见见普希金，亲口盘问他几句，了解他的思想和观点，然后再决定如何处置他。于是，尼古拉下令召见普希金。

尼古拉帝国表面上的富丽堂皇掩盖着君主专制的日益解体。沙皇开始对普希金进行严格的控制。沙皇采取这种新的施政方针，极其迅速果断。尼古拉一世登上王位就断然宣称："革命已经来到俄罗斯门前，但是我敢发誓，只要我有一口气在，决不会让它进来。"

这个口号就决定了沙皇同普希金第一次谈话的基调。1826年9月8日下午16时，普希金被送到克里姆林宫，带进沙皇的办公室。

不过，他也做好了精神准备，一旦沙皇要威胁将他流放到西伯利亚去，他决不屈服，他就把他随身所带的一首他预先准备好的诗交给沙皇，然后转身就走。这首名为《先知》的诗是这样写的：

俄罗斯的先知，

挺起了腰，

在可恶的刽子手面前，

穿上耻辱的祭袍，

脖子上套根绳套。

普希金走进书房，只见一个身材高大的人站在壁炉前，他的脸丰满、白皙，目光炯炯有神。据说，沙皇尼古拉一世长得十分英俊帅气，可以算得上是一个标准的美男子。他那美好的长相和他残酷的作为却实在是很不相称。

此时，新沙皇在仔细打量面前的这位著名诗人，看到他一副衣冠不整的狼狈样子，尼古拉一世不免感到好笑，他首先发话："你好，普希金！能返回首都你高兴吗？"

普希金为尼古拉一世一口纯正的俄语和洪亮的声音而感到惊讶，还未等到他回话，尼古拉一世又继续说道："已故的沙皇、我的兄长将你流放到乡村。现在我即位了，我是宽厚的人。只要你不再写反政府的作品，我可以决定赦免你。"

普希金回答道："陛下，我已有很长时间没有写反政府的诗歌了。可以说，从《短剑》之后，我几乎什么也没写。"

沙皇道："在被我流放到西伯利亚的人当中，听说有不少人是你的朋友？"

普希金道："是的，陛下，我与他们之中的不少人很要好，我敬仰过他们，至今依然如此。"

沙皇道："你怎么会喜欢丘赫尔别凯这样的流氓呢？"

普希金道："您把他当作疯子，我感到惊讶。在我看来，被流放到西伯利亚去的人都是聪慧和善于思考的人。"

沙皇的脸上露出了一丝微笑。也许是他很少听到如此直率而大胆的言谈的缘故，此刻他甚至觉得普希金很可爱，于是变换了一个话题，他问普希金："你最近写了什么？"

普希金道："什么也没有写，陛下，因为审查得太严了。"

沙皇道："你为什么要写审查通不过的东西呢？"

普希金道："有许多无辜的作品在审查时被销毁。所以审查委员会实际上往往不分青红皂白……"

沙皇走近了桌子，从纸堆里翻出了《十二月十四日》那首诗的副本。

此时，普希金终于明白事情的原委。他一口气向沙皇叙述了这首诗选于他未能出版的《安德烈·谢尼埃》一诗，诗中提到的是法国恐怖分子。尼古拉对普希金的这一解释似乎很满意，脸上再次露出微笑，他提出了一个更为严峻的问题，想看看普希金怎么回答："假如你在彼得堡，你会参加 12 月 14 日的暴动吗？"

普希金没有丝毫犹豫，立刻回答："毫无疑问，陛下，我所有的朋友都参加了，我不会不参加的。我之所以没参加，只是因为我当时不在彼得堡。"

这大胆的回答并没激怒沙皇，沙皇感到普希金是把他看成可信任的大人物才敢讲实话。他想利用这位诗人在社会上的影响来为皇室服务。

况且，他马上就要举行加冕，要制造一种和谐的社会气氛。于是，沙皇把自己白嫩的手伸向了普希金，对诗人说："你做了不少蠢事，希望你今后能聪明起来。我们不要再争吵了，你把所写的诗稿都寄给我，今后我就是你的作品的检查官。"

当天晚上，在法国大使举行的舞会上，尼古拉一世宣布："今天，我和俄国最聪明的人普希金谈了很久……"

这样，普希金获得了沙皇赐予的自由，终于可以回到莫斯科了。

一场政治考试

普希金到达莫斯科，此时的莫斯科已为皇帝加冕庆典而装饰一新。可是，因为残酷镇压"十二月党人"，这里民心动摇不稳。他这次返回莫斯科，仿佛标志着沙皇俄国的历史和俄国一流诗人的传记即将开始一个新时代。

普希金回到莫斯科的消息不胫而走，并且迅速在社会上传开，成为社会上当时最大的新闻。他是9月8日回到莫斯科的，10日就在朋友家朗诵他的作品。12日，他到莫斯科大剧院观看古希腊喜剧。他刚一出现，就立刻成为剧院的中心，所有的目光都投向这位被流放过的诗人身上。

一位同时代作家在回忆录中记录了当时的情景。

剧场里尽是大臣、军人、文官和外交官，还有彼得堡和莫斯科的名流及显赫大人物。普希金走进剧场时，整个剧场一片沸腾。大家不停地重复叫喊着他的名字，所有的目光和注意力都被他所吸引。

散场时，有一群人围住了他。人们在很远处就认出了他，因为他的浅色帽子很容易辨认。那时他的声望处于鼎盛时期。

另一位历史学家则记述了普希金走在大街上的情景：

密密麻麻的人群陪着诗人，有些人还欣喜若狂地喊道："让我们看看他，让我们看看他！"

10月12日，是普希金回莫斯科后第一个难忘的日子。这一天，普希金要在维涅维季诺夫家朗诵《鲍里斯·戈都诺夫》。

从一大早，就有许多人聚集在这里，仿佛是来参加音乐会或听讲座，盛况空前。中午时分，普希金出现在客厅里。他穿戴整洁，神情庄重，用悦耳的声音开始了朗诵。一位当年在场的历史学家和作家回忆了当时激动人心的情景。

我对那天的朗诵会的情景难以言表。如今，尽管40年的光阴已经流逝，但每当想起那次朗诵会，我仍然感到热血沸腾。当时，我们期待这位艺术大师早日出现。

我们看见一位中等身材的人走进来，确切地说是个比较矮小的人。他长发鬈曲，甩向脑后，目光炯炯有神，反应敏捷。

僧侣的故事和格利戈里的情节使大家惊愕。有的人身上发热，有的起鸡皮疙瘩。人们怒发冲冠，难以自制。有人甚至从座位上跳起来，有的发出叫声；有的满含泪水；有的则在微笑。诗终于读完了，先是一片寂静，然后是一片掌声。我们相互注视，然后涌向普希金。

数不清的拥抱、笑声、叫声、眼泪和恭维话，连成一片。香槟酒送来了，普希金看到他的诗歌能被那么多的有文化的年轻人所理解，无比激动。

我忘记当时是怎样告别、怎样回去睡觉的情景了。但那天夜里很少有人能入睡，因为我们的机体都被他的诗歌所震撼。

刚刚回到首都和文学界的普希金似乎生活得很开心，他出席各种欢迎会，四处朗诵自己的诗作。在此期间，普希金在莫斯科结识波兰大诗人密茨凯维奇。他们成为非常好的朋友，因为他们彼此都十分欣赏对方的才华，成为了志同道合的好朋友。

这样的自由的日子并不长久，当宪兵头子本肯多夫得知普希金常常在莫斯科的沙龙里朗诵《鲍里斯·戈都诺夫》时，立刻进行了干预。他告诉普希金，他的任何作品在皇上没有审查批准之前不得发表或在公众面前朗诵。

这样，普希金只好把他的悲剧交上去审查。此外，对那首被人加上《十二月十四日》题名的诗的审查，又没完没了地纠缠着诗人。此时，普希金已经开始意识到：他依然处在沙皇的直接监视之中。

在加冕庆典结束之后，在宫廷和近卫军即将起程去圣彼得堡之前，普希金接到最高政治警察机关新设的机构"皇帝办公厅第三厅"长官宾肯道夫的公函。

这份公函表面上十分客气，里面却隐藏着刻薄的训诫和严厉的命令。宪兵队长官根据沙皇的旨意，给诗人举行了一次政治考试。这个所谓的考试内容就是让普希金写一篇《论青年的教育》的文章。

公函中既有诸如"卓越的才能"之类的恭维话，又有肆无忌惮的攻击："这个题目将为您提供广阔的天地，因为您根据经验充分体会到不良教育体系所带来的恶果。"这才是沙皇新政权的最真实的意见，沙皇再也用不着假装仁慈，这就是用官方语气下的最严厉的命令。

在莫斯科的忙碌生活中，普希金无暇写这篇命题文章；他决定把这篇作业留到米哈伊洛夫斯科耶去写，因为他必须回去料理一下那边的事务，然后再彻底搬到莫斯科来。

论教育的文章只花几天工夫就写好了，既没拟定总的提纲，也没仔细考虑文章的结构和题目是否合乎逻辑的发展，更缺少普希金散文一贯具备的优美文笔以及精练有力的表述和优雅的文风。

诗人仿佛通过这篇文章的写法本身表示了对皇上强迫他写文章的强烈不满。他自己既然不认为这篇报告在创作上有什么价值，因而从来未想在报上发表。所以，他并不是很用心地完成这次考试。

然而，普希金写的这篇命题作文也并不是一无是处。文章中也阐述了一些切合实际、颇有价值的见解。他热烈拥护"教育"的作用，赞扬兰卡斯特学校，主张在学校教学过程中应该取消体罚制度，学好俄国历史。他号召教师"不要耍花招，不要歪曲共和理论"。文章作者的基本政治观点同他近年来形成的思想是一致的。

这种思想就是要创造历史就必须充分考虑到现有的力量和实际的可能性。他的这种思想只是在这里表述得更为尖锐，有些类似于正式声明。

普希金要写这篇政论类文章，也并不容易。因为他于 1826 年 11 月 23 日在离开米哈伊洛夫斯科耶之前，清楚而坚决地表示要摆脱官场的礼节，关起门来写作。

> 我一旦离开京城和宫廷，
> 躲开令人讨厌的喧哗，
> 逃到荒无人迹的柞树林
> 或无言的流水的岸边，
> 便感到莫大幸福。

但是，生活戾气打破了他的这些梦想。普希金刚写完《论国民教育》的报告，便收拾上路，11 月底到达普斯科夫。在这里，他从阿德尔卡斯手中接到宾肯道夫的来函。

实际上这是训斥，责备诗人没有回复第三厅厅长 9 月的来函和在莫斯科当众诵读《波里斯·戈都诺夫》。普希金为了答复宾肯道夫和为自己辩解，便把"保持当时朗读的原样"的悲剧手稿给他寄去，以便由当局来决定这部作品的命运。

北方穷乡僻壤的颠沛流离，给普希金的诗歌带来了新的题材——俄国的漫长旅途。在他 19 世纪 20 年代末和 30 年代所写的抒情诗、短篇小说和长篇小说中，开始出现旅途之苦的景象：乘坐马车，沿着被冲坏的马路走去，沿途是带条纹的路标，由残废人看守的拦路杆和由任人欺凌的驿站长管理的驿站。还有冬天旅行的暴风雪，给"旅途之苦"这一讨厌的题材增添了突如其来的戏剧性。

他在著名的《鬼怪》一诗中，极其有力地表达了遭遇暴风雪的旅人的苦难和惊惧万状。车夫信口讲述民间迷信情节：

> 这一群群妖魔鬼怪，
> 在无际的天空中狂奔，
> 它们尖利的怪叫和哀号，
> 一声声撕裂我的心。

鬼怪之类可怕的情节，是普希金对民间创作的幻想形象进行加工并成功的尝试之一。这个幻想形象是以北方平原常见的冬景为背景展现出来的，到了结尾则变成国家的可怕象征。

一生悲剧产生的根源

普希金给最高当局上书时，曾经指望政府作出相应的决议，按正常途径释放他。他没料到沙皇会把这个正常程序变成皇上个人赐给诗人的恩典。这是一个圈套，沙皇想要利用这个恩典让普希金对自己俯首帖耳，否则他就是忘恩负义的人。

按照政府人士的观点，普希金作为诗人应当歌颂他的恩人。在熟知同宫廷交往有不可回避的规矩的社交界，甚至传言普希金在接到尼古拉一世的诏书，听说皇上赦免他时，立刻写了首赞颂沙皇的即兴诗。

然而，这些都是带有阴谋性质的谣言。不论是在这一时刻，或在赦免后的几个月之内，诗人都没有能强迫自己完成这一艰难任务。对于沙皇亚历山大一世，"直至他进入坟墓"，普希金是一直在刺激他。

关于尼古拉一世，诗人则一直保持沉默，内心里仍然坚持自己的想法。如今，在9月8日的觐见之后，他已无权再沉默。普希金到12月底终于下决心迈出痛苦的一步，写了一首《斯坦司体》：

我期望着光荣和善良，
大胆无畏地凝视前方……

这首诗是具有深刻的隐含的意义的。表面上看，普希金是在赞赏新沙皇，实际上普希金只是用3个诗节塑造出作为国君的彼得的突出形象，并在赞美心爱的英雄之后，作出简单而精练的结论："希望能以效法祖先而自豪。"

在这之后才是诗人向沙皇进的忠言，劝沙皇尽力巩固这种与圣明君主难得的相似之处。写这种体裁要想做到毫无溢美之词，则是很难的。

实际上，这首诗是替"十二月党人"作辩护和号召政治改革。但是当时很多进步人士并没有发现普希金这首诗的实际含义，大家认为他是谄媚君主的"奴才"。大家对普希金的做法很不理解，并对此表示忧虑。

正是由于这个原因，1828年普希金又写了一篇文章给他的进步人士朋友，说明自己不是谄媚的小人。1826年8月，普希金开始拒绝给新沙皇写赞美诗。他甚至早在1818年就表明过自己的心意：

> 我的竖琴质朴而高尚，
> 从不将世间的神赞颂。
> 我以自由而无比骄傲，
> 从不肯对权贵巴结逢迎。
> 我只学赞美自由，
> 只肯向他奉献我的诗作。
> 我的缪斯生性羞怯，
> 天生不会供沙皇娱乐…

普希金一贯努力忠实地遵守这一原则，每当不得不破坏这种原则时，他都会感到莫大的痛苦。他推崇罗蒙诺索夫，不仅仅因为后者是诗人和学者，而且更因为罗蒙诺索夫为了"他所崇拜的思想的胜利"，并不"珍视他优越的生活"。

普希金这样与沙皇为敌，导致了国家的统治者对他的仇视和怨恨。也是这个原因最后将造成普希金与统治阶级的矛盾不断增大。沙皇从这个时候开始就产生了一个想法，他想搞垮普希金，至于采用什么样的手段他暂时还没有想好。

普希金只是沙皇想扶植和利用的工具，因此他的使命是要为沙皇服务的，要为沙皇唱赞歌来蒙蔽民众的。沙皇不断拉拢腐蚀普希金的目的也是希望他可以为政府服务，让他作为"十二月党人"的对手，在舆论上为自己添砖加瓦。他不断赦免普希金的罪行，也是体现他伪善的一面。

可是普希金知道沙皇的用意，虽然他不想正面和沙皇发生冲突，但是他不听从沙皇的旨意实际上已经得罪了统治者。

沙皇还要不断地制造他和革命党人之间的矛盾，企图瓦解他们之间的关系。普希金单纯地认为只要自己奉公守法，沙皇就不能找到借口把他怎么样。

可是他不知道的是，他的一举一动都被人监视。一旦他倒向革命家一方，等待他的必然是残酷的处罚。

正是从这里可以看出诗人最后 10 年生活中的悲剧的一个深刻根源就是得罪了统治者。

事业的辉煌时刻

我为自己建起非人工的纪念碑，人民走向他的路径不会荒芜。

——普希金

活跃在新的文学殿堂

1826 年 12 月 26 日，新朋友带领普希金进入吉纳伊达沃尔·康斯卡娅的文学沙龙。这在法穆索夫的莫斯科是一座真正的艺术研究院。

在音乐厅的一座壁龛里，放着阿波罗屠龙的高大雕像。普希金不久就写了一首描写这个故事的诗。这首诗在世界诗坛描写同类题材的诗歌中，可以说是最优秀的诗篇。

弓在响，飞矢在摇颤，

龙射死了，盘作一团；

望楼上的阿波罗啊，

你胜利了，春风满面！

这 4 行诗不过是讽刺诗的一节，写得形象鲜明，活灵活现。讽刺的对象，是沃尔·康斯卡娅家的一个客人。因为他不小心碰掉了大理石雕像的一只胳膊。

在沃尔·康斯卡娅家，普希金遇见了南方克里米亚之行的旅伴，她就是拉耶夫斯基将军之女玛丽亚·拉耶夫斯卡娅。在流放到南方的初期，诗人暗恋过这位少女。玛丽亚后来按照父亲的意愿，嫁给了年龄大她一倍的谢尔盖·沃尔康斯基公爵。

但是，这位"十二月党人"被捕并流放到西伯利亚。作为妻子的玛利亚不顾家人的反对，毅然离开家庭和孩子，追随丈夫去西伯利亚生活。望着这位自己深深爱过的女子，想起他们一起在南方度过的快乐的日子，普希金不禁感慨万千：人的命运是多么地不可预测啊！

几年前，这个天真的少女还和他一起兴致勃勃地数星星。如今，她却迈出了勇敢的一步，明天就要奔赴那个冰天雪地的地方！普希金紧握着玛利亚发烫的小手，口中不断地喃喃自语，仿佛一些诗句就要从他的口中说出。

他告诉她，他最近为西伯利亚的苦役犯写了一首诗。几天后，当另一位"十二月党人"尼·穆拉维约夫的妻子也要去"千里寻夫"时，普希金请她把一首诗带到流放地，这就是著名的《寄西伯利亚》。

> 在西伯利亚深深的矿坑中，
> 你们要坚持高傲的忍耐。
> 你们的思想的崇高的意图
> 和痛苦的劳役不会落空。
> 不幸的忠贞的姐妹，
> 希望在昏暗潮湿的矿坑下潜行，
> 它将唤醒你们的刚毅和欢欣，
> 那盼望的日子一定会来临。
> 爱情和友谊将会穿过
> 幽暗的铁门向你们传送，
> 就像我的自由的歌声
> 会传到你们的苦役的黑洞。
> 沉重的枷锁会掉下，
> 阴暗的牢狱会覆亡，
> 自由会在门口欢欣地迎接你们，
> 弟兄们会把利剑交到你们手上。

这首诗令人想起诗人在 1818 年写的那首《致恰达耶夫》。可以说这两首诗是普希金的"政治抒情诗"中的姊妹篇。它给那些在"深深的矿坑中"受难的革命志士以巨大的鼓舞。"十二月党人"诗人奥陀耶夫斯基写了一首诗来回答普希金，诗中有这样两句：

> 我们悲惨的事业不会落空：
> 星星之火必将燃成熊熊的烈焰。

列宁在1900年创办的布尔什维克的《火星报》上，曾用"星星之火必将燃成熊熊的烈焰"作为刊头题词。这句著名的诗在中国被译成"星星之火，可以燎原"，毛泽东还曾经引用这句诗写过文章。

1827年7月16日，这一天是"十二月党人"的5位领袖被沙皇政府处决一周年的纪念日。处在专制政府直接监视之下的诗人，不能公开地表达自己对朋友的怀念和对共同事业的忠诚，于是便用隐喻的手法写了一首诗《阿里昂》。

> 我们很多人在木船上，
> 有些人紧拉着帆，
> 有人同心协力地划桨。
> 我们聪明的舵手，在寂静中倚着舵，
> 一声不响地驾驶着满载的船。
> 而我毫无忧虑地充满信心，
> 在向水手们歌唱。
> 突然间，喧嚣的狂风袭来，
> 欣起巨浪，
> 舵手和船夫都葬身海底，
> 只剩下我一个隐秘的歌者，
> 被暴风雨扔到岸上。
> 我一边唱着往日的歌，

一边把我湿淋淋的衣裳，

晾晒在太阳下的岩石上。

阿里昂，传说是公元前7世纪至公元前6世纪古希腊的一位诗人和音乐家。有一次他带了许多财宝从意大利乘船到科林斯去，在途中水手要抢掠他的财宝，还准备把他推入大海。阿里昂请求再让他唱一首歌，然后便跳入大海自尽。海豚听了他的歌声，深受感动，便把阿里昂接住，并一直送他到岸边。

普希金在诗中以阿里昂自居，水手指"十二月党人"，而舵手则是指5位起义者领袖中的诗人雷列耶夫。起义爆发时，普希金正被流放在米哈洛夫斯科耶村，因此才幸免于难，也就是诗中所说的"只剩下我一个隐秘的歌者"。

可诗人不能忘记志同道合的朋友，更不会放弃他们曾为之奋斗的事业，他仍一如既往地"唱着往日的颂歌"，晾干衣服，继续奋斗。

写完《阿里昂》之后，普希金离开了莫斯科，又回到了米哈依洛夫斯科耶村。虽说他已经获得了自由，但莫斯科和彼得堡的气氛实在令他感到窒息。

自"十二月党人"事件以后，他在彼得堡的朋友所剩无几。再加上当局不断地来骚扰他，使他无法静心写作。

他宁愿躲到这僻静的乡间，听任缪斯抚慰他的心灵。这时他开始构思和写作一部散文作品长篇小说，小说最初的题目是《彼得大帝的黑奴》。

按照普希金构想，这部长篇小说以诗人的外曾祖父不平凡的命运为线索，展示彼得大帝这位改革者在那个时代所作出的丰功伟绩，描画出当时的时代风貌。

政治改革的主题是这部长篇小说的重要主题之一。

现在普希金要用长篇小说来表现历史人物，这是一个全新的尝试。因为当时俄国从没出现过一部真正意义上的长篇小说；就是在欧洲，现实主义的长篇叙事作品也没有真正出现。

据普希金对一位同时代人透露，他这部作品的"主要引子，写的是黑奴的妻子出轨，给他生了个白小孩，因此被送进修道院"。从这样一个构思出发，联系到普希金关于作品主题的设想，可以看出普希金是在英国历史小说家司各特的写作方法的基础上来创作的。

由此也可以预示他未来的散文作品的发展趋势。不过，非常遗憾，由于种种原因，这部长篇小说没有写完，小说只写了 6 章。仅从这 6 章来看，这部作品应该是一部伟大的小说。要是诗人最终把这部作品完成的话，说不定俄罗斯小说史乃至整个欧洲的小说史的格局都可能要重新划分了。

10 月中旬，普希金离开米哈依洛夫斯科耶村。在去彼得堡途中的一个驿站上，他突然发现著名作家席勒的一篇故事，于是便打开书，津津有味地读起来。正在这时，窗前响起了官府的车马声。普希金后来这样回忆道：

> 我刚读几页，一名警官护送的 4 辆三套马车来到了驿站。我出去一看，见一名囚犯靠柱子站立着。这是个年轻人，身材高大，脸色苍白，消瘦，一把黑胡子……突然，年轻人向我投来一个热切的目光，我情不自禁地转向他。
>
> 我们相互长时间地打量着……我认出了他，原来是老同学丘赫尔别凯。我们相互拥抱在一起。宪兵把我们分开，警官抓着我的胳膊，威胁和辱骂我。但我都当作没有听见。丘赫尔别凯昏倒了。宪兵给了他一点水，把他架上马车，车队又出发了。

普希金望着远去的囚车，悲痛欲绝。这位皇村中学的同窗好友，如今成了一个国家要犯。

两年以后，丘赫尔别凯在监狱里写信说道，他很奇怪，他那么一副模样普希金竟还能把他认出来。另外，据押车的士兵报告，普希金曾打算交一笔钱给这个囚犯使用，但遭到拒绝。

几天后，即 1827 年 10 月 19 日，普希金在纪念皇村中学校庆日的诗中写道：

愿上帝保佑你们，我的朋友，

安然度过风暴和日常的忧愁，

无论在异乡或荒凉的海角，

或是在人间幽暗的地牢！

这最后一行诗显然是献给丘赫尔别凯和普希钦的。这段时间，普希金见到了一些老朋友，结识了一些新的朋友。

在老朋友中，值得一提的是与著名的《聪明误》的作者格里鲍耶陀夫的会见。他们已有十多年没见面了。格里鲍耶陀夫是俄国驻波斯的外交官，这次因公务回国，普希金才得以和他见面。

两位老朋友都非常激动，谈得最多的还是各自的创作情况。两个朋友都喜欢音乐，与年轻的音乐家格林卡都是好友。格林卡根据格里鲍耶陀夫提供的一支格鲁吉亚歌曲的旋律，谱成一支钢琴曲，普希金很喜欢这个曲子，特意按照曲调，写下这样的诗句：

美人啊，那格鲁吉亚的歌，

请别在我面前吟唱，

那忧郁的歌，

使我想起了另一种生活和遥远的地方。

啊，你的残酷的曲调，

使我的记忆浮起了草原和黑夜，

在月光下那遥远的可怜的少女的容貌。

看见了你，

我就忘记了那可爱的、磨人的幻影，

然而你唱起来，

那影子又呈现在我的脑中。

美人啊，那格鲁吉亚的歌，

请别在我面前吟唱，

那忧郁的歌，

使我想起了另一种生活和遥远的地方。

这就是由格里鲍耶陀夫、格林卡和普希金共同创作的俄罗斯最杰出的浪漫曲之一。诗中所写到的"那遥远的可怜的少女"，是指不久前随丈夫去西伯利亚的拉耶夫斯卡娅。

在诗人新结识的朋友当中，值得一书的是叶丽扎维塔·希特罗沃。她是库图佐夫元帅的女儿，交际广泛，有高度的文化修养和丰富的知识。

据说是她向普希金提供了司汤达的作品，并为诗人弄到了长篇小说《红与黑》，从而使普希金了解到欧洲最新的文学作品和文学动态。普希金读了《红与黑》后，对司汤达的才华称赞不已。

1828 年 7 月 31 日，普希金的老奶妈不幸病逝。这位农奴妇女的离去，使诗人异常悲痛。她的葬礼十分简单，她的墓前也没有留下墓志铭，可是她的姓名——阿琳娜·罗季昂诺芙娜，将与普希金的名字乃至俄罗斯文学紧紧联系在一起。

一场政治官司

1827 年 11 月 18 日，普希金接到紧急通知，要他马上去见莫斯科警察总管。严厉的舒尔金将军把军事法庭委员会的质问通知交给他。

舒尔金问道："正在流传的诗是不是你写的？什么时候写的？你写这首诗有什么目的？诗中谈的囚犯的意图，你是怎么知道的？你是不是他们的同党？"

这里的"囚犯"，指的就是 12 月 14 日起义的领袖们。这样一来，政府向普希金明确表示：怀疑他事先知道囚徒们酝酿推翻专制制度的兵变详情。

诗人回答说："我实在不知道你说的是什么诗，我也不知道你说的什么诗有反动内容。你们是不是搞错了？我一向是奉公守法的人。"

舒尔金说："好吧，既然你装傻，我也有办法。等着瞧吧，我会找到证据的。"

1 月 27 日，舒尔金把《安德烈·雪尼埃》的片段装在信封里封好，派人送交普希金。信里舒尔金质问他这首诗是不是他写的反动诗。

我的明灯，我向你致敬！
我曾经把你瑰丽的英姿歌颂，
歌颂你刚刚坠出的一点火花，
歌颂你在暴风雨中诞生。
我歌颂过你那神圣的雷霆，
因为它劈开了可耻的图圄，

使赫赫权势的古老的骄横，

遭到耻辱，只落得一场空。

我看到你的儿女们的大勇，

我听到他们异口同声的保证、

见义勇为的庄严誓词

和对专制制度的坚决抗争。

我看到他们汇聚汹涌的波涛，

把一切污泥浊水涤荡干净，

而热心的法国人热情洋溢，

向人们预告大地的新生。

你的聪明才智已大显身手，

那些神圣流放者的英灵，

已进入不朽的巴黎公社。

腐朽王位的画皮剥落了，

已无人再把它奉若神明，

枷锁开了……

普希金解释说，这首诗是在"最近这场叛乱"发生很久之前写的，诗的内容写的是法国革命，具体描写了攻破巴士底监狱、在练马场宣誓、米拉波的答复、伏尔泰和卢梭的迁葬、路易十六被处死、罗伯斯庇尔的活动和国民议会。这么多的历史人物和事实，排除了把这首诗看作描写现实的可能性。普希金最后写道：

"如果这首诗不是被故意曲解，那么怎么也不能说它是和12月14日有关系的。"

最后一句话说得最为刚正激烈，具有对当局挑战的意味，因为最高审讯机关正是这样理解的。诗人对待最高侦查机构这种"激烈"的态度，对这个案件的最后判决不能不产生影响，使它又拖延一年半之久。

　　直至 1828 年 6 月 28 日，国务会议才作出"关于普希金作品的决议"，"根据他有关 1825 年 12 月 14 日事件的回答言辞不逊和整篇诗作的精神，决定对他进行秘密监视"。这个决议得到尼古拉一世的批准。

　　在政治审讯的同时，官方教会也设计陷害普希金。这次是"东正教首席大主教"在彼得堡部主教谢拉非姆指控普希金犯有国事罪。这个主教既是一个好挑衅的政治家，又是一个狂热的信徒。1828 年 5 月 28 日，《加甫利颂》的手抄稿传到他手里。不难想象，这个狂热的信徒看到下面的讽刺语句该是多么义愤填膺。

　　　　至尊的上帝向他的信女的

　　　　苗条的柳腰和处女的酥胸，

　　　　投下含情脉脉的目光……

　　严厉的大主教曾因为整篇的神学宏文同《圣经》的文字稍有出入就把它付之一炬，如今发现普希金的长诗充满魔鬼的诱惑更是气愤不已。

　　过了两个星期，普希金又被总督传见，总督声称："皇帝陛下要我询问，您在 1815 年或 1816 年，在皇村中学是从谁的手中得到长诗《加甫利颂》的？如您能够找到作者，此事便与您无关。要知道社会上有大量手抄稿是以您的名字到处流传的。"

普希金心里十分清楚，尼古拉一世不相信他第一次的供词，但此时他也无法再改口，只得写下如下含糊其辞的供词："这份手稿曾在骠骑兵军官中流传，但我已记不得是从谁的手中弄到手稿的。我抄的那份大约在1820年就烧掉了。"

《加甫利颂》是普希金在1821年4月写成的，即在复活节前和复活节中写成。作品充满反教会的情绪和精神，它讽刺了《圣经》中关于圣母纯净受胎和亚当及夏娃被逐出伊甸园的故事。作品以手抄本广为流行，尤其是得到"十二月党人"的欢迎。

1826年，在沙皇政府追捕"十二月党人"时，警察机关就收到对这部作品的密告，密告称它为"叛逆的诗"，在社会中传播了"叛逆的火种"。但这一密告当时未得到重视。

直至1828年，发生了"退伍大尉米契诃夫诵读《加甫利颂》败坏其奴仆的宗教观念"的轰动一时的事件，为此，尼古拉一世才下令成立一个特别调查委员会来认真调查此事。

于是这次调查很自然地牵涉到了普希金。《加甫利颂》的正式出版，是在1861年的英国。在俄国，1908年经大量删节后出版。十月革命后，《加甫利颂》才得以全文发表。

尼古拉一世执意要查清事情的原委。他先后两次接到普希金的"抵赖"的供词，很不满意，下令第三次传见普希金。在这种情况下，普希金便直接写信给沙皇，承认是他写了《加甫利颂》。又像上次那样，沙皇赦免了普希金。

而普希金则深深地感到，他已被专制政权牢牢地控制住，动弹不得，他唯一可做的就是用他的诗篇来控诉专制制度的残暴。在交代《加甫利颂》的供词的草稿上，诗人满含着悲愤，写下了抗议专制政权的著名的诗篇《毒树》。

在枯干而贫瘠的荒原上，
酷热灼烤着泥土的地面，
一棵毒树，像森严的守卫，
傲然独立于天地间。
连小鸟都不朝向它飞，
虎也不来——只有旋风
有时朝这死亡之树猛吹，
然后跑开，但已染上疫症。
然而，人却能以威严的目光，
把别人派到毒树那里，
那人立刻俯顺地前往，
次日一早，带回了毒剂。
他献上了致命的树脂
和叶子已枯萎的枝干。
啊，他苍白的前额尽湿，
汁水流下来有如冷泉。
献完了，接着虚弱地倒在
帐篷里的树皮地面。
这可怜的奴隶于是死在
无敌的主子的脚前。

来之不易的婚姻

普希金到达莫斯科不久，在一次舞会上遇到一位美丽的女人，她身穿轻飘飘的白色连衣裙，头戴金发箍。这就是 16 岁的娜塔丽娅·冈察洛娃。

她由母亲带着，刚进入社交界。她的容貌合乎古典式的端庄秀丽，目光流露出深邃的沉思，任何人看了都不免为之倾倒；再进一步仔细观察，便能发现她"前额上痛苦的表现"和一种特殊的浪漫色彩的美丽。

普希金觉得自己的眼前出现一片绚丽的光彩，这个古典的美女让他怦然心动。已经 30 岁的普希金像他笔下的奥涅金一样，还在过着独身的生活。虽说他的行动总是被沙皇的密探监视着，每有一个大的走动事先都要报告、批准才能成行。但在日常生活方面他还总算是自由的。他的友人，除了流放到西伯利亚的"十二月党人"，大都过着有家室的生活，而他，却还是形单影只、孑然一身。

作为诗人，爱情是他的一种对生活和情感的体验，而真正的爱情在他则是一种美好的理想。这正如他在一首诗中所写：

我知道什么是爱情，
它不是忧郁的愁思，
不是无望的迷误。
我知道，爱情就是美好的理想，
是陶醉，是心灵的满足。

这个美丽的少女脸上淡淡的忧伤深深地吸引了普希金，他有一种想保护她的冲动。而这位少女脸上的忧伤是由深层次的原因造成的。这个美丽的少女是在艰难的环境里长大的。

冈察洛娃一家原来是卡卢加的富商和工厂主，有一笔数目可观的财产，可是到她祖父阿法纳西·尼古拉耶维奇的手中，却挥霍光了。这样，使全家落入贫困的境地。

漂亮的娜塔丽娅的父亲叫尼古拉·阿法纳西耶维奇，从很早就得了忧郁症，后来发展为严重的间歇性精神病，经常剧烈发作，情况非常严重。娜塔丽娅6岁之前，是在祖父的亚麻厂里长大的，后来搬到在莫斯科的父亲家中。

这里的生存环境十分艰难。为了在父亲犯病时保证孩子们的安全，年轻的母亲往往把孩子们赶到带铁门的小阁楼里。她的母亲年轻时也非常漂亮，随着年纪渐老，开始变得邋遢了。她成为家里难以忍受的暴君，她那怪癖的性格使全家人发抖。

按照家族的传说，"在规矩最严的修道院，对待见习的小修女也不像对待冈察洛娃姐妹那样严厉，她们姐妹被母亲管得服服帖帖"。这种压抑的环境使娜塔丽娅形成一种孤僻和胆小的性格。

普希金同冈察洛娃一家结识后，经常到她家来做客。娜塔丽娅的姐姐、18岁的亚历山德拉很崇拜普希金，能够背诵出普希金的许多诗歌，她甚至还偷偷地爱上了普希金。

至于娜塔丽娅，她过于腼腆，在普希金面前感到受宠若惊。她虽对这个向她献殷勤的人也很感兴趣，知道他发表过许多优美的诗歌，但却不知道这个人身上有什么使她喜欢。她只觉得他很古怪，指甲留得那么长，甚至连舞都不会跳；似乎并不是合适的男友的人选。

1829年4月底，普希金请托尔斯泰伯爵去为他做媒，向娜塔丽娅的母亲老冈察洛娃提亲。但老夫人却不喜欢普希金，在她看来，普希金只是个舞文弄墨的人，没有稳定的收入，况且他还是被政府监视的对象；而自己的女儿又年轻又漂亮，不愁找不到称心如意的人家。于是，她便以女儿的年龄还小，暂时把事情搁置下来。

普希金在接到答复的当天，用法文给冈察洛娃夫人写信说：

> 我屈膝下拜，流着感激的眼泪给您写信。如今，托尔斯泰伯爵带来了您的答复，您没有拒绝，给我留有一线希望。
>
> 但是，假如我仍然低声抱怨和悲伤，痛苦与幸福交织在一起，请不要责备我忘恩负义。我理解母亲的谨慎和对女儿的偏爱！但请您原谅我的焦急心情，这是沉醉于幸福之中的病态心理。我马上就要离开这里……

由于求婚不顺利，普希金心绪不佳，他想换一个环境。在这里他天天都要见到心上人，不免会感到莫名的惆怅。他想去南方，去高加索，去大自然的怀抱里，让大自然、让冒险的生活冲淡他对娜塔丽娅的相思。

后来，他又给冈察洛娃夫人写信，解释他出走的原因。

> 我第一次见到她，就爱上了她。她使我头晕目眩，我便向她求婚。但您的答复含混不清，使我几乎发疯。当晚我就来到了部队上，您问我来部队干什么？我发誓，我自己也不知道。一种不由自主的苦恼驱使我离开了莫斯科。经常看到您和她，我会受不了的。
>
> 我给您写过信等待您的答复，但什么也没有等到。青春期的放荡生活闪现在脑际，我的确有些放荡，但谣言夸大了事实。遗憾的是这些传闻几乎已是家喻户晓了，您当然可以相信。我不敢抱怨，但这叫我极度失望。

当普希金想离开莫斯科去南方时，曾有人以南方是不祥之地为由劝说普希金放弃此行，还举出拜伦和格里鲍耶陀夫都死于南方的例子。但普希金执意南下，谁也劝阻不了。

大自然永远是诗人的朋友。从普希金第一次到南方时算起，到如今差不多快10个年头了，诗人宝贵的青春年华就是在这里度过的，而现在，诗人已是"而立之年"了。

南方，这个普希金的诗歌的摇篮，又一次以其雄奇壮丽的美景吸引着普希金。它唤醒了诗人的心灵，诗情在诗人的胸中奔涌，诗句在诗人笔下流淌，南方的奇美风光展现在面前。

> 高加索在我身下，我兀立山巅，
> 在悬崖边沿的积雪之上出现，
> 一只苍鹰从远方的峰顶腾起，
> 几乎不动地翱翔在我的眼前……
> 巨浪拍打阴郁的峭岩，
> 喧闹不息，飞沫四溅，
> 苍鹰在我头顶上鸣叫，
> 松林在哀怨，
> 在雾海浮沉的崇山峻岭，
> 正亮着银冠。
> 突然从峰顶之上塌落一大堆冰雪，
> 它"隆隆"作响，
> 在峭壁间的深谷夹道中筑起了屏障，
> 于是便挡住了捷列克河滔滔的巨浪……

这熟悉的大自然又唤起了诗人的回忆：拉耶夫斯基将军一家人又

浮现在他的眼前，英武和豪放的将军，性格迥异的两兄弟；还有坚强的"十二月党人"的妻子玛丽亚·拉耶夫斯卡娅……可是，彼一时也，此一时也，诗人怎么也摆不脱另外一个倩影，一个身穿白色连衣裙的倩影。

虽说他已远离了莫斯科，然而这个美丽的影子却总是紧紧地把他追随。娜塔丽娅，她注定了要成为永远折磨着普希金的女人……

然而，在莫斯科，冈察洛娃夫人对普希金的几次来信根本不予理会，相反，她倒希望普希金走得越远越好、越久越好。因为她希望距离能让普希金放弃追求自己女儿的念头。

看着自己的女儿娜塔丽娅在社交场上越来越走红，母亲暗自得意。当有人告诉她，梅谢尔斯基公爵准备向娜塔丽娅求婚时，冈察洛娃夫人欣喜若狂。现在她担心的只有一件事，那就是那个黑皮肤的矮个子的诗人再来纠缠。

然而她担心的事情却发生了。9月间，一个阴雨绵绵的日子，冈察洛娃夫人还在床上休息，突然有人用拳头敲打大门，还未等大家反应过来，来人已急匆匆地闯了进来，走进前厅，脱下大衣。这个面容憔悴、衣冠不整的人就是普希金。他刚从高加索回来，就直奔冈察洛娃夫人家里。

他在喘息间询问娜塔丽娅是否在家，孩子们赶忙去告诉他们的姐姐和母亲。冈察洛娃夫人躺在床上，得知普希金来到的消息，很不高兴。她打定主意要甩掉这个穷鬼，于是便让普希金进到她的卧室里来。普希金进来后，她仍不起身，躺在床上一副睡意蒙眬、漫不经心的样子。她只是寒暄了几句，根本不触及正题，谈到的是她女儿现在在社交界是如何风光无限。

而娜塔丽娅也许是因为母亲的再三训斥，对待普希金的态度比任何时候都冷淡。她几乎没有答理普希金的热情问候，冷冷地在一边默不作声。

此时，普希金感到，他在高加索朝思暮想的一切就要破灭了。他离开冈察洛娃家，惘然若失地走到大街上，仿佛觉得活在人世上已经没有什么意义了。

一个念头又在他脑海中进出："走，随便到哪儿去，只要不再见到娜塔丽娅·冈察洛娃。"他甚至想过要去中国一趟。

我们走吧，无论上哪儿我都愿意，

朋友们，随便你们想到什么地方，

为了远离骄傲的人儿，我都愿意奉陪。

不管是到遥远的中国长城边上，

也不管是去人声鼎沸的巴黎市街，

到塔索不再歌唱夜间船夫的地方，

那里在古城的灰烬下力量还在昏睡，

只有柏树林子还在散发馨香，

哪里我都愿去。

走吧，朋友们，

请问我的热情在漂泊中可会消亡？

我将要忘却骄傲而折磨人的姑娘，

还是仍要到她跟前忍受她的怒气，

把我的爱情作为通常的献礼捧上。

上述的部分内容又以散文的形式被写进他给警察头子本肯多夫的信中。在这封信中，普希金央求道："就让我到中国去出一次差吧！"可是，普希金的想法太天真，沙皇是无论如何也不会把他放到国外去的。

不过，这期间普希金的求婚一事开始出现了转机，这正应了中国的一句古话"好事多磨"。当时正逢沙皇皇宫迁移到莫斯科，莫斯科城天天都在过"狂欢节"。

在各种沙龙集会上，娜塔丽娅的风头正足，大家都把目光投向这个美丽的姑娘，甚至连尼古拉一世也注意到娜塔丽娅的美貌。冈察洛娃夫人原以为这一下求婚者会络绎不绝，但不知是什么原因，众人只是前来捧场和献花，或者只是向娜塔丽娅暗送秋波，真正的求婚者却寥寥无几，甚至连那位梅谢尔斯基公爵也开始打退堂鼓了。

在这种不利的情势下，冈察洛娃夫人这时才开始后悔赶走了普希金。再加上在"狂欢节"期间，普希金的一些朋友又不断地在这母女俩面前赞扬普希金，使得老夫人的看法有了一些改变，于是她便请诗人的朋友代她向普希金致意问候。

处在绝望之中的普希金此时正在彼得堡，听到这个好消息，立即赶到莫斯科。几天后，普希金写道："自由、舒适和娜塔丽娅小姐把我留在了莫斯科。"他再也不想去任何地方了。

普希金每天都在冈察洛娃家周旋，他很少动笔创作，以致他的朋友们都为他担心。而另一方面，婚姻的事情也未最后确定下来。老夫人很世故，又很厉害，普希金一直不敢正式提起结婚的事情。

大约在 1830 年 4 月初，普希金终于鼓起勇气向老夫人提出了结婚这一问题，而她显然是已老谋深算，反而向普希金提出三个问题：一是他过去行为不检点，今后是否能做到痛改前非，使她的女儿幸福；二是他是否有经济能力让她女儿能过上富足的

生活；三是他能否改善目前与政府的紧张关系。

真是"姜还是老的辣"。普希金能让单纯的娜塔丽娅对他产生好感，但面对老夫人这三个问题，一时间他竟心慌意乱，无言以对。第一个问题还好说一点，那是他个人的事情；第二个问题则由不得他做主，他的收入有限，如果娜塔莉娅想过奢侈的生活，他肯定是给不了的，这是明摆着的事实；第三个问题很麻烦，他知道自己一直处在政府的监视之下，而他是决不会与政府妥协的，而不妥协就很难改善和政府之间的关系。

在复杂的心情下，普希金摊开纸，给冈察洛娃夫人写了一封长信，信中有如下内容。

夫人，现在请允许我给您写这封信。我一拿起笔来就感到激动，如同站在您面前一样。我有许多话要讲，我越是仔细考虑，就越感到忧郁和失望……听我慢慢告诉您。

要赢得令爱的欢心，我只有常去府上，并经常同令爱在一起。我希望随着时间的推移她能爱上我，但我没有任何能使她高兴的东西。假如她肯嫁给我，那只能是把她那冷漠的心交给我。

但在众人的赞扬声中，在荣誉面前，在别人的引诱面前，她那颗冷漠的心能挺得住吗？别人会说她命运不济，没有找到同她般配的丈夫。她本该找个更出类拔萃、更配得上她的男人。

这种说法也许是真心话，至少可以肯定，她会这么认为。到那时，她不会后悔吗？她会不会把我看成是绊脚石，看成可恶的骗子呢？她会不会转而厌恶我呢？我愿为她上刀山下火海，上帝可以为此作证。

但我一想到我死之后她就成了新寡，会更加引人注目，会在我尸骨未寒又嫁他人。想到这里，我就十分痛苦。

现在再谈财产问题。我对财富一向不怎么看重。到目前为止，我的财产足够我享用。但结婚之后呢？世界上叫我感到痛苦的只有一件事情，就是我的妻子不能到她可以抛头露面和可以玩耍的地方去。

她有权提出这种要求。为使她满意，我情愿作出牺牲，放弃自己的一切乐趣和爱好，放弃自由和冒险的生活。但是，她会不会在我耳边唠叨，说我的社会地位配不上她的长相呢？

这就是我所忧虑的几个问题。要是您认为这些忧虑合乎情理，我定会害怕得发抖。还有一种忧虑，但我不能在信中写出来……

普希金在信中回答了前面两个问题，看来，他的考虑还是比较深远的，而且，这封信里似乎还包含着某种预感，从以后发生的情形看，有些事情确实是被他不幸言中。至于第三个问题，普希金则不便和老夫人去谈。

不过，诗人为了这场婚事，不得不忍受妥协的痛苦给警察头子本肯多夫写了一封信，请他包涵，不要把他受政府监视的情况透露出来，以成全这场来之不易的婚姻。

冈察洛娃夫人最后终于应允了这场婚事。不过，在嫁妆方面，这位老太太却丝毫也不让步。普希金被逼得没有办法，只得四处张罗，尽力筹集。

当普希金的父母接到儿子要成婚的消息，便把祖传的一份产业拨给儿子，那就是包括200农奴在内的鲍尔金诺庄园，每年大约有4000卢布的收入。为此，普希金还要去鲍尔金诺一趟，办理财产过户的手续。

看来，一切总算快要结束了，30 岁出头的诗人就要结束单身汉的生活了。然而前面等待着他的是什么呢？是幸福还是不幸？是快乐还是痛苦？

有人为"莫斯科的第一号美女"嫁给了普希金而惋惜；有人则为普希金"将要变得平庸"而担心。然而，普希金自己感觉又是怎样的呢？

虽然他也有种种不祥的预感，不过，当他面对和拥抱娇美的未婚妻时，他的心里是幸福的。他开始反省自己的荒唐的过去，而这就是幸福的证明。

当我紧紧拥抱着你苗条的身躯，

兴奋地向你倾诉温柔的爱的话语，

你却默然，从我的怀里挣脱出柔软的身躯。

亲爱的人儿，你对我报以不信任的微笑，

负心的可悲的流言，

你却总是忘不掉，

你漠然地听我说话，

既不动心，也不在意……

我诅咒青年时代那些讨厌的恶作剧。

在夜阑人静的花园里，

多少次的约人相聚。

我诅咒那调情的细语，

那弦外之音的诗句，

那轻信的姑娘们的眷恋，

她们的泪水和迟来的幽怨……

创办《文学报》

普希金在从高加索地区回来时，收到俄国很多杂志的谩骂。为了抵制这种不正常的人身攻击，普希金联合了很多知名作家，成立了一个文学团体，他们和站在反对战线的评论家们展开了激烈的"笔战"。为了有自己独立的媒体，他们创办了新的刊物《文学报》。

新刊物的宗旨："本报的目的在于向有文化的读者介绍欧洲文学，尤其是介绍俄国文学的新作。"

《文学报》创办人是普希金、维亚泽姆斯基和评论家奥列斯特·索莫夫。戴里维格的文学鉴赏能力是一致公认的，推举他任编辑。茹科夫斯基主动承担杂志评论的任务。自然科学和艺术专栏则聘请专人撰稿。

除了这些核心人物之外，常在报上发表文章的有果戈理、科利佐夫、杰尼斯·达维多夫、奥多耶夫斯基、霍米亚科夫、波戈列利斯基等人。有趣的是在书评栏里，在五花八门的题目当中可以看到对农民诗人叶果尔·阿利帕诺夫和斯列普什金的诗歌的评论。

他们对外国文学的一切优秀作品都加以评价。甚至当时在西方还不太知名的巴尔扎克、梅里美和司汤达，《文学报》都曾经加以介绍。普希金在《文学报》上发表了评论年轻诗人桑特·伯弗名叫《约瑟夫·德洛姆》诗歌的文章，颇为赞赏地评价了未来的肖像评论大师早期的抒情诗。

《文学报》的寿命虽然短，但其纲领旗帜鲜明，它同低级小说、黄色戏剧、颓废的歇斯底里、阿谀奉承的政论文以及那些靠出卖灵魂和唯利是图的报刊，进行过激烈的斗争。

《文学报》为高度的艺术水平、为真正有价值的文学、为艺术的真实性、为诗歌的富有生活气息、为批评的思想性、为富有特色的俄国文学创作进行过斗争。这可是地地道道的普希金创办的刊物，反映出他那种造诣颇深的民族诗人的气派。这也成为俄国文学思想史上的重要发展阶段。

1830 年 1 月，普希金主持报纸的编辑工作，他给这份新刊物提出重大任务，极力使它超出因职业兴趣而创办报刊的范围。他认为新闻业是国家的重要事业，应该从新闻界中涌现出政治活动家，所以他极力主张在《文学报》上开辟受到查禁的政论栏目。

他坚持报纸上的批评应该和政治结合起来，既要有文艺作品，也要登载国际新闻。普希金对社会上一切重大事件积极作出反应，他不承认脱离现实、孤芳自赏的艺术。

彼得堡的新闻投机商由于竞争而互相辱骂。《文学报》与之相反，他们不搞粗暴的论战和人身攻击，极力推崇真正的文艺评论。

普希金对各种杂志和作家的述评，在文学界被看作是重大事件。格涅季奇在谈到普希金对《伊利亚特》译文的评价时写道："这文章比沙皇手上的钻石戒指还要珍贵。"

30 年之后，车尔尼雪夫斯基指出："普希金小组的作家跟他们的领袖一样，具有高度鉴赏力，他们的文学创作有许多优点也都很像他。作为批评家，他们在写文章时保持着跟诗人和学者同样的骄傲的冷静和尊严。"

1829 年 12 月 26 日，普希金写了斯坦司体的《当我漫步在热闹的大街上》。这首诗初稿的第一节写得极简练而又具有很强的表现力。

不论我挤在纷扰的人群里，

还是尽情享受宜人的安逸，

我总是想：人生终有一死。

这个念头形影相随，徘徊不去。

后面的几节逐渐发展了这个思想，最后结尾时向年轻的生命表示热烈欢迎，祝愿世界不朽的美哪怕在她墓穴的入口，永葆青春。在全世界的抒情诗中，还找不出另一首描写死亡的诗比这首诗更积极、更乐观的。

拉耶夫斯基将军因"十二月党人"被镇压而受到打击，于1829年9月16日逝世。他的异父同母兄弟瓦西里·达维多夫和女婿沃尔康斯基都被流放到西伯利亚；另一个女婿米哈伊尔·奥尔罗夫被罢了官；心爱的女儿玛丽亚·拉耶夫斯卡娅跟随丈夫到西伯利亚服苦役的地方去了。

拉耶夫斯基死后不久，他的遗孀请普希金帮忙向政府要求对她家的抚恤金。诗人给宾肯道夫写了一封措辞得体的信，希望后者身为军人能够同情"1812年英雄遗孀的命运。他不愧是一位伟人，生得壮丽，死得凄凉……"

普希金在《文学报》上对尼古拉·波列沃依的《俄国人民史》给予了否定的评价，从而同他发生争论。不过，诗人并不是附和当时报刊上对波列沃依的这本书的激烈批评浪潮，而是批评他关于俄国历史上的"家族封建主义"的基本论点。

普希金认为封建主义是最高政权同土地私有制结合的产物，所以在古代俄罗斯并不存在，而是到了鞑靼统治和"混乱时代"才出现。因为这时大贵族在管理国家方面起了决定作用。两个伊凡皇帝和彼得一世都同大贵族在朝廷中的权势进行过斗争，他们不善于驾驭和摧毁俄罗斯的这种封建主义。普希金的观点比波列沃依站不住脚的论点要清楚得多，也更为正确。

波列沃依在答复普希金的批评时，对《文学报》的"贵族们"大肆攻击。于是在《文学报》和《莫斯科电报》之间展开了一场激烈的辩论赛。《文学报》指责波列沃依进行雅各宾式地蛊惑宣传，《莫斯科电报》则反驳说对方是故意引起政府的注意。

但是，《文学报》同《北方蜜蜂》的斗争则更为残酷。《北方蜜蜂》是一份半官方报纸，是由出卖灵魂的叛徒和警察局的情报人员布尔加林编辑出版的。很早以前，雷列耶夫就对这个机灵的骗子预言过："一旦发生革命，我们就要在《北方蜜蜂》上砍掉你的头。"

普希金一贯主张俄国文学的"崇高独立性"。他对布尔加林在有权势的人面前卑躬屈膝的谄媚样不齿。他觉得让作家在强权面前蒙受污辱是不能容忍的。俄国诗坛的领袖同特务、叛徒和造谣中伤者的深刻原则分歧，很快使他们发生冲突和激烈争论。

普希金曾说布尔加林的《德米特里僭王》有不少地方是从《波里斯·戈都诺夫》剽窃来的，为此发生了一场激烈争论。宾肯道夫手下的人员在第三厅，的确有机会看到普希金悲剧的手稿，因为这个剧本曾送交那里进行审查，供尼古拉一世参考。

3月7日，《文学报》刊登了一篇评论《德米特里僭王》的匿名文章。尽管文章并没有指责作者剽窃，却指明作者具有波兰爱国主义思想。布尔加林错误地认为这篇文章是普希金写的，于是对他大肆进行诽谤。

《文学报》登出一篇描写警察密探维多克的文章。文章的主人公是彻头彻尾的骗子和卑鄙的告密者，借此予以反击。布尔加林对"文学贵族"又提出新的指责："遗憾的是莫里哀没有活到今天！这是多么适用于喜剧《贵族中的小市民》而又未被人发现的特点呀！"接着大谈诗人的轶事，说他是个"混血女人"生的，把自己的外曾祖说成是"黑人王子"，其实不过是一个普通的黑人，是从前有个船长用一瓶罗木酒换来的。在《暴风雪》的手稿上，还保留着一首出色的讽刺诗的底稿：

你说只用一桶罗木酒——

这算不得大宗财产。

可你坐在家里出卖笔杆，

收入倒是大为可观。

这场文学论战具有深刻的政治根源，而在布尔加林笔下却采取造谣中伤的小品文形式。《北方蜜蜂》对沙皇政府卑躬屈膝，极力讨好新官僚军阀势力。从1825年之后，这种军阀势力占据了国家的最高地位。

《文学报》代表了进步贵族知识分子的意见。正是进步贵族知识分子把优秀的代表人物于12月14日送上枢密院广场。和"十二月党人"的同志们相对立的是审判"叛乱者"的最高法庭的成员，也就是整个官方的彼得堡，包括替它效劳的下流作家布尔加林。《文学报》和《北方蜜蜂》的论战来源于俄国不同势力的对立和斗争。这场斗争的根源十分深刻，而后果也着实难以消除。

普希金在谈到他出身的阶层时写道："真难以设想，我国的贵族一般说来意味着什么？贵族同人民有什么关系？"诗人的这个问题提得十分重要：在两个阵营之中究竟哪一个能代表人民的意志和愿望呢？普希金认为，诗人、思想家和革命家是与人民的压迫者相对立的。他从尼古拉·屠格涅夫于1830年写的著名诗句见到：

……在这群贵族中间会出现农奴的解放者。

通过这场论战，普希金表现出写论战体裁的真正才能。这位不可模仿的讽刺诗人在论战文章中，表现出他的讽刺手段异常犀利尖刻，直接击中要害。无怪乎别林斯基认为普希金的论战文章达到了"炉火纯青"的地步。

杂志上的论战又使普希金考虑起诗人的历史使命。对于一切批评攻击，他都勇敢而坚决地回答说，从事创作的人具有一种至高无上的权利："你自己是自己的最高审判官。"在1830年写的著名14行诗中，诗人明确宣布他不会被狭隘的市民阶层的偏见所影响，犹如他不受沙皇的专制压制一样。一个伟大的诗人形象屹立不倒，他无论受了多少打击都能坚强面对。

你是帝王，尽可以称孤道寡。

随着自由智慧的指引，沿着自由之路前进……

孤独的诗人在罗曼诺夫家族统治下，在宾肯道夫们、谢拉菲姆们、布尔加林们中间，唯一的逃避办法是创作。不过，创作是孤独的，它终究会让诗人的思想与伟大的人民自发力量汇集到一起，他在创作中正努力把握广大人民的意志。这种感情在他于19世纪30年代初写的美妙的诗稿中，表现得很清楚。

在寂寞的旅途中，唱支歌吧！

在路上，在昏黑的夜里，

如果听到豪放嘹亮的歌声，

该是多么亲切，多么甜蜜。

车夫啊，你就唱上一支吧！

我将默默聆听你的歌声。

皎洁的月光多么冰冷，

远处的风声又多么凄凉，

你就唱：松明啊，松明，

你的火光为什么那么不亮？！

普希金一方面对民间艺术有了深刻研究；另一方面他对世界文化的重大现象也产生了强烈兴趣。他以特殊的敏感抓住全世界人类发展各时代的特点，并以罕见的热情把这些时代特点表现出来。

普希金在《文学报》上发表了他致尤苏波夫的诗，后来冠以《致贵官》的题目。这首诗遭到了激烈的攻击；甚至有人指责作者阿谀奉承。然而根据别林斯基晚年的意见，这是"普希金最优秀的作品之一"。

诗中结合古代政治事件和艺术界重大事件，巧妙地利用了尤苏波夫真实的生平事迹。尤苏波夫曾经亲自跟博马舍、伏尔泰和狄德罗交谈过；在凡尔赛宫毁灭的前夕，还访问过这座王宫。但是革命的风暴，席卷了法国王宫喧闹的欢乐：

严峻的自由制定新的法律，
凡尔赛的独裁者被送上断头台……

诗人这种善于把握人类历史转折的本质并用简洁语言表达出来的才能，在1830年写《人生之初》一诗中也充分表现出来。这首诗出色地传达了文艺复兴时代的风貌：渴求知识、崇拜古典文化以及精巧的园林艺术。这是一首未完成的长诗的序诗。

普希金的伯父对普希金创办《文学报》很支持。他经常翻看上面的文章，就是在他去世之前，普希金去探望他时，他手里还拿着一份《文学报》。

他看到上面刊登的一篇晦涩难懂的题为《思考与分析》的文章时说："卡杰宁的文章还是那么枯燥。'阿尔扎马斯'的轻骑兵当年打冲锋的时候也是那个样子吗？我觉得你办的报纸不错，比我们这一代都强很多。继续努力吧，你就是俄罗斯的希望。"

创作的高峰时期

1830 年 8 月 31 日，普希金从莫斯科出发，前往鲍尔金诺办理财产过户手续。这件事在他看来很简单，因此他根本没想在那儿久留。更何况，娇美的未婚妻还在盼着他赶快回来举行婚礼，所以除了通常都随身带着的几本写满提纲和草稿的笔记本外，他什么都没有带。

鲍尔金诺与米哈依洛夫斯科耶村的模样完全不同，这里没有广阔的湖水、高耸的山峦，也没有成片的树林和花园。普希金这样描写鲍尔金诺：

> 一排残破的村屋，
> 后面是一片黑土，平缓的坡地，
> 房顶上飘着一片灰暗的乌云。
> 哪里有明媚的田野、翠绿的树林？
> 哪里又会有淙淙作响的小溪？
> 触目的仅仅是两株可怜的小树。

可是命运弄人，普希金越是想早点离开，就越难早点离开。希腊神话中的文艺女神缪斯又以她无比的智慧让普希金留在了这个偏僻的乡村进行创作。因为财产过户的手续不像普希金想象中那样简单，他在给未婚妻的信中告诉她：

> 我原以为父亲留给我的地产是单独一片土地，谁知土地同这 500 户的小村庄是一个整体，所以必须把它们分开。这

件事就要等上一段时间才能办好。

　　这里还有另外的事情，没有办法解决，所以只能再等待一段时间。希望你不要担心！

这"意外的事件"是什么，也许是怕未婚妻担心，普希金没有说得很清楚。而在给他的一位朋友信中，普希金则写得很明白：

　　在我周围是不治之症，霍乱在流行。您听说过这种病吗？它随时都可能侵扰鲍尔金诺村，把我们全村人全部吃掉，一个不剩！

等到财产方面的手续办理完毕，通往莫斯科的道路因为疫情的原因已被封锁。事实上此时此刻普希金已不可能回到莫斯科去了。此时，在这寂静的乡村，普希金的心已经完全平静下来了。这些年来，从他重新回到莫斯科和彼得堡后，他还没有过像现在这样平静的日子。

普希金独自一人，有时骑着马在草原上飞驰，有时也到庄园附近随心所欲地漫步，但更多的则是在桌上摊开一张白纸，一面听着秋雨敲打着门窗；一面与缪斯女神倾诉衷肠。

　　头脑里装满着各种幻想，
　　轻快的韵律呈现在纸上，
　　他手握着笔，笔压着纸，
　　美好的诗句如泉水流淌。
　　如同大船沉睡在海上，
　　水手猛然间拉起风帆，
　　自下而上，迎风飘扬，

于是大船便开始启动，

乘风破浪，奔向远方。

在鲍尔金诺，普希金的创作热情迅速高涨，创作速度简直令人难以置信。9月25日，他给倾注了多年心血的代表着他创作最高成就的诗体长篇小说《叶甫盖尼·奥涅金》画上了句号，确切地说，是完成了这部诗体长篇小说的第八、九两章。

写完这部作品，普希金有一种如释重负之感。他知道这是一部不寻常的作品，他在这部作品中描写了当代青年的形象，放入了他对社会对生活的许多思考。此外，他也十分清楚，这部作品的形式对整个俄罗斯文学而言也是全新的，就连诗的格式和韵律也是从未有过的。

他不知道文学界将会怎样评价他的这部作品，尽管这部作品在这以前就零星地发表或在朋友们当中朗诵过，获得过大家的赞扬。但他这次带回的是一部完整的作品，评论界会如何看待它呢？不过，普希金也不愿意去多想了，此时，他几乎什么也不想干了。

我渴望的时刻来到了，

多年的创作终于完成。

为什么一种莫名的感伤悄悄烦扰着我？

是由于功业告成，

我便如多余的短工般呆立着，

领取报酬后，却不愿意去从事另一项工作！

鲍尔金诺的空间和时间都太适合写作了。在这里，普希金可以静下心来感受缪斯女神的指引，他的心田感受着缪斯的智慧带来的阳光，他的灵感沐浴着缪斯的甘露，他的佳句妙语信手拈来，他的神来之笔游走自如。

普希金身上，莫非真如希腊思想家柏拉图所言，确有"神灵附体"？普希金在鲍尔金诺创作的全面丰收，我们可以用他自己给普列特涅夫的信来说明。这封信写于普希金回到莫斯科的 12 月 5 日的第四天，即 12 月 9 日。下面就是这封信的主要内容。

我要告诉您一个秘密，我在鲍尔金诺写了不少东西。好久以来我没有写过东西了。我要给您带去的作品有：《叶甫盖尼·奥涅金》第八、九两章；一篇用 8 行诗写成的诗体小说，共 400 行，发表时不拟署名了。

几个悲剧剧本或者叫小悲剧，有《吝啬的骑士》、《莫扎特和萨列里》、《瘟疫流行时的宴会》和《唐璜》。另外，我还写了 30 首小诗。这不算少了吧，怎么样？但我还没有讲完呢！

这是悄悄话，我还写了 5 篇故事。这些故事会让巴拉丁斯基气得"哎哎"乱叫。发表这几篇故事时，也不要刊登作者的姓名。

在不到 3 个月的短短的时间里，普希金创作了这样多的作品，并且，除了数量的惊人之外，作品在艺术上也达到了空前的成熟。"鲍尔金诺之秋"以其丰硕和辉煌在普希金的创作史上留下光辉的一页。

普希金在鲍尔金诺所创作的这几个小悲剧都十分精彩，就情节而言，它们却各不相同：《吝啬的骑士》写的是中世纪的故事，《瘟疫流行时的宴会》把读者带到了保守的英国，《石客》的故事则是发生在西班牙。但它们却有一个共同的主题，那就是死亡。剧中人都围绕着死亡展开了自己的演出，可以说死亡就是这些剧作的共同的主角。

非常有趣的是普希金在创作《瘟疫流行时的宴会》时，剧中的情境与他所在的鲍尔金诺的气氛非常相似！或者可以说正是鲍尔金诺发生的霍乱疫情暴发事件，促使了普希金创作这个小悲剧。

从艺术上看，这些剧作都极为紧凑、凝练。它们的故事不是"展开式"，而是"浓缩式"，丰富的戏剧性情节通过精妙的构思被浓缩为精彩的一幕，戏剧的矛盾冲突在瞬间展开和完成，从而产生极为强烈的效果和引人入胜的魅力。

普希金在上面的信中所提到的5篇故事，就是后来以一个地主别尔金的名义发表的《别尔金小说集》。如果说普希金的小悲剧是以死亡作为主角的话，那么在《别尔金小说集》中，主角可以说就是爱情；而在情节的生动和构思的精巧上，与小悲剧大有异曲同工之妙。

《射击》的主角是一个小城军官希尔沃，他收入不多，但喜欢请客豪饮；他的剑术很高明，为人爱好争斗，但又嫉妒成性。后来兵团里来了一个出身富豪之家的青年人，动摇了希尔沃的威望和尊严，希尔沃对他十分嫉恨，想要和他决斗。

可是在决斗中，他发现小伙子毫不在乎，在先开枪未中后，他居然一面吃着樱桃，一面把樱桃吐向对手，听任希尔沃开枪。此时，希尔沃感到就是把这个不爱惜生命的家伙打死也没有意思，于是便忍耐了一下，保留之后报复他的权利。

后来，小伙子结了婚，过着幸福的生活。希尔沃认为报仇的时机已到，他找到这个仇人，把枪对准他。现在，这个青年人和当年那个光棍军官已是判若两人，他对自己现在的生活和生命无比眷恋，想到要被打死便全身发抖，显得非常害怕。

希尔沃见此状十分高兴，认为自己报复的目的已经达到，于是他一枪朝墙上的画打去，便扬长而去。作品的情节看似有些古怪，但其中包含某种生活的深刻的哲理。

《暴风雪》和《村姑小姐》在情节上都极富戏剧性，讲的都是青年人的恋爱和结婚的故事。在《暴风雪》中，玛利亚与一个掌旗官相爱，但玛利亚的父母不同意。于是两位年轻人决定私下成婚，一位神甫答应为他们主婚。

可是一场暴风雪使得掌旗官未能赶到预定的教堂，玛利亚悲痛欲绝。后来她的父母见女儿一病不起，就同意了他们的婚事，但掌旗官已在1812年战争中阵亡。后来玛利亚和一个名叫勃尔明的骑兵上校相爱，但想到过去的恋人，她不敢提结婚一事。

而勃尔明也记得自己曾在一个暴风雪之夜中迷了路，糊里糊涂地被人拉入一个小教堂里，与一个泪流满面女子举行过一次另类的"婚礼"，当时他只觉得好玩而并不在意。当勃尔明向玛利亚讲起这个奇特的经历时，玛利亚突然记起来了，"天啊，原来那个人就是您呀！"也就是说，他们已经结过婚了。

《村姑小姐》的故事也非常有意思。丽莎和阿列克赛相爱，但他们的家长都反对这门亲事。丽莎化装成村姑模样到树林里和阿列克赛相会，阿列克赛爱上了这个自称是铁匠女儿的村姑小姐，并打算与她结婚。

不料他们的父母又和好了，准备同意儿女的亲事。这一下反而让阿列克赛为难起来，他已舍不得那个在林中遇到的村姑小姐。他来到丽莎家，准备把事情和盘托出，表示不能娶丽莎，但是一进门便发现，村姑小姐就是丽莎。于是故事的结局也像《暴风雪》中一样，"有情人终成眷属"，都是皆大欢喜的美满结局。

《棺材匠》描写的则是另一个故事。棺材匠人由于职业的特点而形成了自私和孤僻的性格，他不由自主地希望病人快死，好让他的生意兴隆，以便用质量差的木料代替好木料去做棺材。作者通过棺材匠宴请死人的情节，讽刺了市民自私、狭隘的不健康的心理。

值得一提的是《驿站长》这个短篇小说。就外部情节而言，它与上述故事有相近之处，但就其所包含的思想来说，却更为丰富和深刻。作品通过一个小官员的悲剧，揭示出小人物在社会生活中的脆弱的地位，展示出小人物心灵的无奈与怨恨。

俄罗斯某驿站的站长维林，是一个 50 多岁的老人。他早年丧妻，唯一的安慰便是他的年轻而又漂亮的女儿冬尼娅。他们父女二人相依为命，热情照顾过路留宿的客人。

一个冬天的晚上，站上来了一个体格匀称、留着黑胡子的年轻的骠骑兵，叫明斯基。他看中了驿站长的女儿，装病在站上住了两天，冬尼娅一直照顾着他。到第三天早上，当他离开驿站时，把冬尼娅拐跑了。

驿站长气急之下得了重病。病好之后他从驿马使用证上查找到骑兵上尉明斯基的住址，便去彼得堡找女儿。开始两次，在明斯基的住所都被赶了出来，没有见到冬尼娅。

第三次，他设法再次找到了女儿的住处。冬尼娅一见到父亲，一声惊叫便晕倒在地。明斯基又一次把老人赶了出来。老人回来后，为女儿的命运忧伤不已，最后一病不起，忧愤而死。

事实上，冬尼娅的实际情况和他父亲所担忧的恰恰相反，她并不是违反自己的心愿被骠骑兵抢走的。据马车夫说，虽然她哭了一路，可她却是心甘情愿跟随骠骑兵去的。

后来她成了明斯基的妻子，和他过着优越、富足的生活。冬妮亚的婚后生活很幸福，但是因为她没有及时跟父亲打招呼，让父亲为之着急上火，最后竟然被气得郁郁而终。冬妮亚非常后悔自己的所作所为。于是她在老人去世后，经常带着孩子们给父亲上坟。这也是为了忏悔自己的莽撞之举。

小说充满了人道主义精神。十四等文官驿站长维林是作品的中心人物，是一个小人物，一个贵族专横和暴虐时代的牺牲品。普希金以前，俄国文学中已有描写小人物的尝试，如卡拉姆津的《可怜的丽莎》。但只有普希金所描写的小人物才空前成功地达到了生活与艺术的高度真实性。

普希金以同情的态度描写了驿站长的遭遇和他不堪一击的脆弱的

社会地位，在读者心中激起了对小人物的人格和命运的真挚同情。

在贵族主人公几乎占据了整个文学画廊的时候，普希金把小人物引进文学，并以肯定和同情的态度描写他们。这样的描写促进了俄国文学的民主主义化发展，确立了俄国文学的社会性传统。如果没有《驿站长》的影响，就难以有果戈理的《外套》和陀思妥耶夫斯基的《穷人》这样的作品。

此外，作品还具有另一种意义，即冬尼娅与明斯基的行为也都是根据内心真实的感受而直接做出的行为，他们并没有考虑理性和一般生活道德原则。作品对以真挚感情为基础的爱情是肯定的。正是基于这一点，作品的意义也就扩大了，它缓和了对明斯基的谴责。作品引起的是同情和叹息，而不是愤怒的抗议。

《别尔金小说集》的创作，标志着普希金在艺术领域的探索又进入到了一个新的高度。如果说以往普希金还只是在诗歌的王国里独领风骚，那么，他现在又在散文的海洋里扬帆远航了。

从艺术上看，《别尔金小说集》提供的是一种全新的小型散文作品。普希金当时不愿意用真名发表这些作品，主要原因是想避免引起文学界甚至是朋友们的惊异，因为这部散文集与他之前的创作有很大的不同。但事实上，人们仅凭作品本身所显示出的种种迹象就猜出作者了。

《别尔金小说集》向我们展示了19世纪20年代俄国城乡生活的画卷。它塑造了一系列的典型形象，如贵族、军官、城市手艺人等。表现出小说主人公的丰富内心世界。其中《驿站长》一文成功地塑造了俄国文学史上第一个小人物形象，揭露了当时俄国社会最底层的人物的悲惨生活。因为这部小说体现了人道主义精神和民主解放思想，使得《别尔金小说集》在俄国小说发展史上起着重要的里程碑的作用。

同时，《别尔金小说集》在俄国散文发展史上也具有重要意义。

这不仅因为它是俄国批判现实主义散文的第一部作品，而且因为它对普希金同时代的及后来的作家们产生了巨大的影响。

作品中对现实生活的庸俗所表现出来的嘲讽，变成了果戈理笔下的辛辣讽刺。普希金的人道主义思想和民主意识，及对小人物命运的同情，对专制制度的批判，在果戈理、陀思妥耶夫斯基、契诃夫等作家的创作中得到继承和发展。

而那简单严谨的作品结构、自然朴实的描写手法、简洁生动的语言，更使《别尔金小说集》成为现实主义作家们学习、继承和发展普希金现实主义风格作品的一所好学校。

在这些作品中，普希金把平凡的事物提升到诗的高度，结构单纯紧凑，无一点多余之处，情节发展一气呵成，语言朴素、简洁明快，心理描写细致而又传神。

在叙事方式上，作者本人不出面，而是通过叙述中间人来讲述故事，这在俄罗斯文学中也是一种创造。总之，关于《别尔金小说集》，用列夫·托尔斯泰的话来说，它在各个方面都"值得每一个作家反复研究、学习"。

普希金在鲍尔金诺所写的抒情诗，可以说是用韵文写成的私人日记。处在特定的心境之中，又置身于这样特殊的环境里，普希金的思绪万千，生与死，爱与恨，过去和未来，喜悦和忧虑，构成了普希金这个时期的抒情诗的主题。

普希金想起了已经离开人世的过去的恋人，不免有些伤感。

你离开了这异邦的土地，
向祖国遥远的海岸驶去。
在那永世难忘的悲伤时刻，
我在你面前抑制不住地哭泣。
就在那个地方，

天穹蔚蓝，一片光明，

水中倒映着橄榄树影，

你却长眠，一梦不醒。

你的美貌，你的苦痛，

全都消失在墓穴之中，

连同那再会时的拥吻。

可是我等着它，

因为你曾经应允。

他忆起了过去，又想到了未来，不免感慨万千。

想起过去荒唐岁月的那种作乐，

我就心情沉重，

像醉酒般受折磨。

对时日飞逝的伤怀也像酒一样：

时间过得越久，

心头越觉苦涩。

我的道路坎坷难行。

未来啊，

滔滔大海只会带给我悲哀和劳作。

名垂千古的诗人

　　我心中的诗就这样渐渐地苏醒，抒情的波涛冲击着我的
心灵！

——普希金

新型诗歌体小说

诗歌体长篇小说《叶甫盖尼·奥涅金》是普希金的代表作品。这部小说是普希金于 1830 年 9 月 25 日在鲍尔金诺完成的。这部小说是讽刺俄国社会当时腐朽黑暗状态的作品。

《叶甫盖尼·奥涅金》的故事反映 1820 年前后革命的黑暗时期的社会政治状况。这部小说是普希金在 1823 年开始写的，在 1830 年 9 月完成。这部作品花费的时间是 "7 年 4 个月零 17 天"。

这将近 8 个年头的时间，正是普希金逐步走向人民，对现实和历史进行深刻思考的时期，也是他在艺术创作上走向成熟的时期。可以说他是把自己的思想、情感、才华全都倾注到了这部作品之中，它是诗人的呕心沥血的杰作。

别林斯基对《叶甫盖尼·奥涅金》有如下认识。

是普希金最纯粹的作品，是他幻想的宠儿。很少作品能这样充分、明确、清晰地反映一个诗人的个性。我们在这里看到他的全部生涯、他的心灵、他的爱情。我们也看到他的种种情感、观念和理想。

衡量这样一部作品意味着衡量诗人的全部创作活动。

从俄罗斯文学和欧洲文学发展史的角度看，《叶甫盖尼·奥涅金》也是一部具有重大意义的作品。它是俄罗斯现实主义文学的奠基之作，是公认的俄罗斯文学的典范之作。

同时，它也是欧洲现实主义文学最早出现的重要作品之一。它与司汤达著名的被认为是欧洲现实主义文学"开山之作"的《红与黑》在同年完成，它甚至比巴尔扎克和狄更斯的现实主义代表作品早问世好些年头。

诗体小说的主人公奥涅金是一个贵族青年，正当他对上流社会的生活感到厌倦的时候，他那年迈的伯父突然病故，于是他因继承遗产来到伯父的庄园。

在乡下，奥涅金与另一位贵族青年连斯基结为朋友，并认识了邻村地主的两个女儿——大女儿达吉雅娜和小女儿奥丽嘉。达吉雅娜爱上了奥涅金，她一时感情冲动，给奥涅金写了一封充满天真、纯洁的感情的信，可遭到奥涅金冷淡拒绝。

这时，连斯基正狂热地爱上了奥丽嘉。奥涅金在一次舞会上，不断找奥丽嘉跳舞，和她表示亲近。这便激怒了连斯基，于是他提出要与奥涅金决斗。奥涅金在决斗中打死了连斯基，他的良心受到谴责，便离开庄园，四处游荡。

几年以后，当他回到上流社会，在莫斯科的一个晚会上重又见到达吉雅娜时，达吉雅娜已成了一位将军夫人。这时，奥涅金心中燃起了爱情，也写了一封充满感情的信给她。可达吉雅娜回答他说，她承认她还爱他，但出于道德和尊严已经不能与他再续前缘。深受打击的奥涅金又离开上流社会到四处漂泊。

作为一部现实主义作品，《叶甫盖尼·奥涅金》再现了19世纪20年代俄罗斯广阔的社会生活，别林斯基曾称它为"俄罗斯生活的百科全书"。19世纪20年代，正是俄罗斯解放运动中贵族革命家成长的时期，同时也是"十二月党人"革命的酝酿、爆发和失败的时期。

此时的历史背景是，俄罗斯经历了1812年反拿破仑入侵战争的胜利，民族意识普遍开始觉醒，广大人民特别是农民对农奴制的不满和反抗情绪日益高涨。在这种情势下，贵族青年中开始出现政治上的分化：一部分人渴望为祖国作一番事业，要求改变现有制度，这些人就是"十二月党人"；另一部分人仍然过着骄奢淫逸的生活，企图永久保持贵族特权地位。

而第三种人则是贵族青年中的大多数人，他们感到时代的风暴即将来临，不甘心和贵族阶级一块儿灭亡，但阶级的局限性又使他们没有勇气和能力去参加革命斗争。他们也看不见社会发展的前景，因此终日彷徨苦闷、焦躁不安，即染上了当时人们所称之的"时代的忧郁病"。

普希金笔下的奥涅金正是后一类贵族青年的典型。他是一个退职官员的儿子，从小受着正统的贵族教育，在法国籍家庭教师的管教下长大。

这种脱离祖国文化的环境，自然不会给奥涅金带来什么好处。当他到了"心猿意马的青春"时期，便终日在上流社会中鬼混，成了一个纨绔子弟。他一天要赴3个宴会，梳妆台上摆着几十种化妆用的工具。他每天要在各种镜子面前梳妆打扮至少要超过3个钟头。

他善于在谈吐中卖弄学问和随机应变，也善于在沙龙里用法语说些俏皮话，换取太太、小姐们的微笑。他甚至还会一点拉丁文。然而他最擅长的学问还是"情场上的调情"，社交界都认为他是一个"聪明而又可爱"的人。

上流社会的这种花天酒地的生活，虽然使这个花花公子沉湎一时，但他终于也开始厌倦起来，害上了"时代的忧郁病"。他对什么都不感兴趣，对什么都漠然置之，既看不起周围的朋友，也厌恶自己。他"把自己关在家里，无精打采，拿起笔来，想要写作，可艰难的工作使他感觉厌烦"。于是他便试着读书，可"读来读去，全无道理"。对上流社会的逃避，并没有使他摆脱这种"忧郁病"，反而病入膏肓，甚至是无可救药了。

但他毕竟还是受到了时代精神的感染和进步思潮的影响，他读过亚当·斯密的《国富论》。他反对抵押土地，主张重农主义，并且还在农村进行过自由主义改革。

他还与连斯基争论过有关历史、政治和科学等问题，甚至卢梭的民主思想也鼓舞过他。这些都说明奥涅金比那些醉生梦死、沉湎于灯红酒绿的贵族青年在思想上要好很多。

自然，奥涅金在农村进行的改革，并不能说明他真想为人民做点什么，那不过是一时心血来潮而已，事实上他很快就抛开了这件事。他拒绝达吉雅娜的爱情，并不是因为他真的有什么明确的理想和追求，只不过是他厌倦了这种多情表白。

他低估了达吉雅娜的真诚，他甚至也不明白在爱情中应该追求什么。他鄙视上流社会，却又不得不服从它的陈规陋习。在和自己的好朋友决斗过程中失手打死了好友，让他内心备受道德舆论的煎熬。

他在重又遇见达吉雅娜并遭到她的拒绝后，便四处漂泊，结果最终一事无成。普希金通过奥涅金的形象提出了当时最重大的社会问题之一，即贵族知识分子脱离人民群众的问题。

像奥涅金这样的徒有聪明才智，在社会中却找不到自己的位置，在爱情中也同样惨遭失败的贵族青年，在当年的俄罗斯是很多的，所以这一文学形象具有非常广泛的概括性。

赫尔岑曾说过"像奥涅金这样的人在俄罗斯每走一步路都会碰见他"，赫尔岑还承认："我们只要不愿意做官或当地主，就多少有点奥涅金的成分。"别林斯基称这类人为"聪明的废物"。后来人们都把这类人称作"多余人"。

在俄罗斯文学中，所谓"多余人"是一个人物系列。虽说这一称谓是在屠格涅夫1850年发表中篇小说《多余人日记》之后才广为流传的，但这类人物的基本特征在奥涅金身上就已最先确定下来了。

杜勃罗留波夫曾指出，"多余人"是"我们土生的民族的典型，所以我们那些严肃的艺术家，没有一个是能够避开这种典型的"。而奥涅金在某种意义上可以说是"多余人"的鼻祖。

在后来的文学作品中相继出现的"多余人"的典型，都是仿照奥涅金来的。诸如莱蒙托夫笔下的皮巧林、屠格涅夫笔下的罗亭、冈察洛娃笔下的奥勃洛莫夫等，他们身上无一不或多或少地有着奥涅金的影子。"多余人"人物系列是19世纪俄罗斯文学独有的成就，同时也是19世纪俄罗斯文学的最高成就之一。

诗歌体长篇小说的女主人公达吉雅娜，是一个拥有"俄罗斯灵魂"的迷人的艺术形象。别林斯基曾指出普希金的伟大功绩之一是"在达吉雅娜身上给了我们关于俄罗斯女性的诗的描绘"。作为小说的女主人公，达吉雅娜的形象在许多方面与男主人公奥涅金的形象形成鲜明的对照，同时他们又相互烘托、相互解释。

如果说普希金在奥涅金身上着重突出的是他与人民的脱离，那么在达吉雅娜身上，诗人则着意表现的是她与人民深厚的联系。诗人首先给女主人公取了一个平民化的名字达吉雅娜，这个名字在那时是丫鬟才使用的。这样下贱的名字便暗示出女主人公生长于远离城市的乡村。她是属于淳朴、善良的人民中的一员。

古老的俄罗斯民间风俗，富于民族传统的家庭氛围，老奶妈在安静的夜晚所讲述的美丽的民间故事，培养了她与俄罗斯人民相通的感情。她热爱俄罗斯民歌和故事，相信民间的古老传说，相信梦，甚至还相信纸牌占卜和月亮的预兆，这些都是和俄罗斯人民淳朴的气质一脉相承的。

在达吉雅娜的生活中，大自然始终是她最亲密的朋友。大自然培育了女主人公真诚、善良的感情，造就了她淳朴、美好的气质。她喜欢在黎明之前在露台迎接朝霞，喜欢在幽静芬芳的花园里散步。她爱俄罗斯的夏夜虫鸣的美妙，更爱俄罗斯冬天冰雪与阳光相呼应的灿烂。

在她出发到莫斯科之前的时候，她是那样深情地和故乡的山丘、溪流、树林告别，就像和自己最好的朋友告别一样。在莫斯科她已成为一位高贵的太太，但她却"憎恨上流社会的忙乱，梦想着乡下的生活，梦想着乡村和贫苦的农民，梦想着那流淌着清澈小溪的幽静的角落"。她后来拒绝奥涅金时，还这样表白：

> 如今我甘心情愿拿这些无聊的假面舞会，这浮华、繁忙、空虚的生活，换回一架子书、一个荒芜的花园，换回我们寒酸的房子，换回我的最初。奥涅金，用同你见面的那些地方，换回那一个朴素的坟墓。那儿，在十字架和树荫下面躺着我的可怜的保姆。

可见，俄罗斯人民和俄罗斯大自然的影响，是形成达吉雅娜的个性的最深刻的原因，是造就这个"俄罗斯的灵魂"的最坚实的基础。自然，普希金多少也描写了当时席卷着欧洲和俄罗斯的社会思潮对达吉雅娜的影响。

不过应该指出，从总体上看，诗人基本上是在道德的范畴中特别是在个性解放这一点上表现这种影响的，这与当时俄罗斯女性无权参与社会活动的地位是相符合的。

如诗人也写到达吉雅娜最喜欢读英国小说家理查生和法国思想家卢梭的作品，尤其是卢梭的《新爱洛绮丝》特别吸引着达吉雅娜。普希金描写达吉雅娜在花园里阅读《新爱洛绮丝》这本"危险的书"的情节，与《红楼梦》中林黛玉在花园里读《西厢记》的情节如出一辙，有异曲同工之妙。

> 达吉雅娜常带着一本危险的书独自在寂静的树林中漫步。她在这本书里寻找，找到了她的秘密的热情、她的渴望，找到了丰富的心灵的果实。
>
> 她轻轻地叹息，接受了别人的悲哀、别人的欢欣，她不知不觉地背诵着一封写给那可爱的主角的信。

爱情推动达吉雅娜做出在当时可以说是很勇敢的行为。她决定要像书中的主人公那样公开表露那些使她激动不已的感情。她的这一行动猛烈地破坏了支配贵族社会的习惯和规则。

奥涅金以其鄙视现实的态度和与众不同的气质吸引了达吉雅娜，她在少女的真诚、纯洁的感情的驱使下，勇敢地写了一封信给奥涅金。

从《叶甫盖尼·奥涅金》问世以来，俄罗斯的少男少女们对这封信几乎都能倒背如流。这封信几乎是追求真爱的青年男女的爱情法宝。这里，我们不惜篇幅将这封信完整地引述如下。

　　我是在给你写信——够了，这使我还能说什么话？现在，我知道您已决定用沉默的蔑视给我惩罚。但只要您对我悲惨的命运能存着即使一丝儿怜悯，我相信，您就不会让我绝望。

　　起初，我本想保持沉静，那么，一定的，您就看不出我有怎样难言的隐情。我会沉默，要是我能盼望，在我们村里可以看到您，哪怕一礼拜一次，时间短暂，只要我听见您的声音，并且能和您随意闲谈，以后就盘算这一件事情，茶思饭想，直至再一次会见。可是我听说，您不好交际，这荒僻的乡村会令您厌倦。而我们尽管喜欢客人，却没有什么能让您垂青。

　　为什么您要来访问我们？否则，在这冷僻的乡村，我原不认识您，也就不会感到内心深深的苦痛。也许，这灵魂的初次波涛会随着时间消沉，创伤会平复，而我将寻到一个合我心意的人，成为忠实的妻子、慈爱的母亲。

　　另一个人！啊！绝不，我的心再没有别人可以拿走！这是上天的意旨，命中注定：我将永远是为你所有。

　　我过去的一切，整个生命都指出要和你真正相见。我知道，是上帝把你送来保护我，直至坟墓的边沿。我在梦中早已看见你，就在梦里，你已经那么可亲，你动人的目光令我战栗，你的声音震动了我的灵魂。啊，不，谁说那只是一个梦！

　　你才走来，我立刻感到熟悉，全身在燃烧，头晕目眩。我暗中说：这就是他，果然！可不是吗，每当我帮助穷苦人的时候，或者当心灵激动不安、感到思念的痛苦，只有在祈祷中寻求平静，那一刻，那可不是你的声音？我听着你轻轻地和我说话。

　　在透明的夜里，那可不是你亲爱的影子，在屋中掠过，在我的枕边悄悄伫立！可不是你在温柔地絮语，给我希望和爱情的安慰。

　　啊，你是谁？我的安琪儿，我的保护人，还是骗人的魔鬼？告诉我吧，免得我猜疑。也许这一切不过是虚无，是少女的心灵的梦幻！而命运另有它的摆布，那就随它去吧！从现在起我把命运交在你手里，我信托你，恳求你的保护！

　　我哭了，我不愿意对你隐瞒，请想想，我是这么孤独，在这里，没有人能够理解我的思索，任由它枯萎，我也将随着无言地憔悴。我在等待，只有你的目光能够点燃我内心的希望，或者，唉，给我应受的谴责，让这沉重的梦永远断丧！

　　写完了。我不敢重读一遍。羞耻、恐惧令我难以支持，但我只有信赖你的正直，我对你鲁莽地呈献了自己。

　　达吉雅娜的信洋溢着情窦初开的少女的纯洁和真挚，它和普希金的爱情诗一样，也是一块爱情的"试金石"，可以检验每一个灵魂的纯洁度。少年面对着它会怦然心动；少女会在它里面听见自己羞怯的心声；中年人读了它会回忆起自己的初恋的甜蜜；就是老年人也会禁不住浮想联翩，而更加热爱和珍惜生命。

谁在它面前无动于衷，那他多半是一个精神不太正常的人，要么就是一个轻浮的玩世不恭的人，甚至是一个灵魂肮脏的人。

达吉雅娜的真诚和纯洁检验了奥涅金的性格和灵魂，一向冷漠的奥涅金一时间也感动起来。可是，达吉雅娜终究是不幸的，她爱上的是一个精神生活比她要空虚得多的人。这是一个不能够理解她的纯洁和真诚的人；是一个无法在社会上找到自己的位置、无法承受真正爱情的人；是一个自视清高，但在那个时代注定了不可能有任何作为的人。

达吉雅娜终究也只能像当时其他的少女一样，被带到那"嫁人的市场"上，嫁给了一个"肥胖的将军"。她所追求的自由的纯洁的爱情生活终究也没能实现。在这个意义上说，达吉雅娜也是一个悲剧性人物。

达吉雅娜后来成为了一位将军夫人，她的雍容华贵的气质和落落大方的风度，使她在充满虚伪的上流社会中像一株"出水芙蓉"一样出淤泥而不染。特别是她对待奥涅金的追求的态度更显示出她精神世界的纯洁和高尚。她曾说：

> 我爱你，可是，既然我已嫁给别人，我就要一辈子对他忠诚。

她襟怀坦白，光明磊落，不愿过双重的精神生活。这种对自己的行为负责的态度集中地体现出她的精神美，而这种精神美是深深地植根于人民的土壤之中的。

别林斯基说："在这个道德沦丧的世界中，还存在着一些稀有的、可喜的特殊人物，这就是普希金笔下的达吉雅娜。达吉雅娜是一朵刚好苗生于嶙峋的岩缝中的鲜花。"

达吉雅娜这一女性形象的创造，对后来许多俄罗斯作家产生重要的影响。俄罗斯文学中有许多动人的女性形象，在不同程度上都可以说是源于达吉雅娜。

诗体长篇小说中另外两个人物——连斯基和奥丽嘉，也是诗人着意刻画的人物。连斯基年轻而又充满热情，性格冲动，有着崇高的理想。

在连斯基身上，诗人着重表现了他对生活的热情而浪漫的态度。

在奥丽嘉身上，普希金则着重展示出直率动人的外貌与贫乏的内心世界的反差，从而凸显了达吉雅娜表里如一的性格。

作为一部特殊的"诗体长篇小说"，《叶甫盖尼·奥涅金》在艺术上总的特色就是诗与散文的有机结合。在普希金以前的俄罗斯文学中，虽也出现过有一定的人物和情节的长诗，但其中基本上没有性格的塑造，更不必说到典型性格的刻意塑造。

普希金第一个在俄罗斯文学中把诗的抒情性和散文的叙事性有机地结合起来，从而创造出他自己所称之的"自由的形式"的"诗歌体长篇小说"。其中，既有浓郁的抒情性，又有对人物性格的精细的刻画。这是一种全新的独创性的艺术形式，是普希金在艺术形式上对俄罗斯文学历史的重大贡献。

具体说来，《叶甫盖尼·奥涅金》的最显著的艺术特色便是它的抒情性；或者换一种说法，就是作品中始终贯穿着诗人自己的形象，贯穿着"作者的声音"。作品中出现大量的"抒情插笔"，较大型的"插笔"有 27 处之多，只有两三句的"插笔"竟有 50 多处。

这些抒情插笔并不是毫无用途的赘述，这些插笔有时是作者对人物的贬褒，有时是对事件和场面的评论，有时是对往事的追忆；有的诙谐幽默、妙趣横生，有的画龙点睛、入木三分；有的严肃庄重、富于哲理；有的尖锐激烈、锋芒毕露。

有些插笔，与人物和情节的发展息息相关、丝丝入扣；有些插笔，看似与人物或事件无关，其实并未离题太远。正是这些大量的多角度多层次的抒情插笔，扩大了作品的容量，深化了作品的内涵，增强了作品的感染力。

但《叶甫盖尼·奥涅金》毕竟又是一部长篇小说，作为大型的叙事作品，它需要通过诗歌来塑造人物和反映社会现实。它在再现社会生活的广度和深度上、典型性格的塑造上、环境和场景的描写上都达到了当时俄罗斯文学的最高水平，也不亚于欧洲现实主义奠基者司汤达、巴尔扎克、狄更斯等人的作品。

别林斯基说它是一部俄罗斯社会的"百科全书"的原因，正在于此。在诗体长篇小说中，普希金围绕人物性格的塑造这一主线，精妙地穿插着上流社会的景象和乡村的风俗画面。这些初看起来仿佛是诗人信手拈来的无意之笔，却包含着真正的艺术家的着意安排和独具匠心的设计。

如作品中描写地主庄园中农奴少女边采果子边唱歌的片段，就包含着真正的讽刺力量和幽默效果。

只有一群使女在花园，在山坡的丛林间，一面采野果，一面合唱。这歌唱是遵照主人的命令，她们唱着，主人才能放心。因为这样，就没有狡猾的嘴能够得空偷吃他的野果。请看，乡村的智谋也很出色！

我们看到，普希金以诗歌特有的抒情效果赋予叙事小说一样的作品。这种方式是一次伟大的尝试，使文章既有诗一样的语言又有小说一样的曲折的故事情节。这样两种文学创作方法有机地结合，使这部《叶甫盖尼·奥涅金》有着非凡的影响力。

成为诗坛圣人

写完《叶甫盖尼·奥涅金》时，普希金的写作方法已经形成完整的体系。普希金创作过程的突出特点是，诗人采取极其朴实的手法，孜孜不倦地进行工作。他喜欢清楚地描写看到的实物，就地取材来打草稿。

正是由于这个原因，他把"旅行见闻"广泛地用于创作之中。他的南方长诗是在高加索、克里米亚和比萨拉比亚游历的时候写的；《波里斯·戈都诺夫》是在普斯科夫游览名胜古迹过程中写的；《叶甫盖尼·奥涅金》是在两个首都、乡村和敖德萨完成的；《青铜骑士》是在彼得堡写的；而《上尉的女儿》是在作者走遍了伏尔加河中游地带和奥连堡的草原之后写的。

在着手创作之前，普希金总要仔细研究风土人情和民歌、历史古迹和文献、风景和生活状况、世代相传的传说和口头的描述，并以此作为创作基础。南方许多民族的民歌，都反映了起义时日常生活状况的民间创作。编年史和作战报告，对诗人发挥想象和锤炼语言都起了相当大的作用。

尤其值得一提的是《上尉的女儿》。这是普希金整个创作的"压轴之作"。普希金很早之前就想写一部反映农民起义的小说，一直没有机会收集资料好着手创作。因为农民起义题材的小说需要大量真实的素材。

为了写作这部小说，普希金花了很长时间去进行素材的收集。他首先研究了普加乔夫起义的档案材料，写出了一部学术著作《普加乔夫史》。然后，他又阅读了那个时代各方面人物的回忆录，最后还亲自到起义地点进行实地考察，收集了大量的第一手的素材。

这样，就为创作这部小说奠定了坚实的基础。小说是一个以虚构的主人公、贵族格里涅夫年老时回忆过去经历的形式写成的历史类型的小说。青年时格里涅夫在普加乔夫运动高潮时期正在奥伦堡省白山炮台任军职。

在赴任途中，他遇上严酷的暴风雪，幸亏一个衣衫褴褛的农民搭救了他，把他领到附近的一家客店里休息。为了答谢这个农民的救命之恩，格里涅夫把自己的一件兔皮大衣送给了他。农民收下大衣，对格里涅夫说："我终生不忘您的大恩。"

第二天，格里涅夫经由奥伦堡赴白山炮台。这个炮台名义上是一个炮台，其实寒酸得像一个破落的村庄，总共只有一门大炮。炮台的指挥名义上是米朗诺夫上尉，实际上却由上尉的妻子管事，"她把公事看成是自己的私事，管理炮台如同管理自己的家务事。"

上尉有一个女儿，叫玛利亚，虽不怎么漂亮，但感情丰富，心地善良。格里涅夫爱上了上尉的女儿，决定娶她为妻。

这时，普加乔夫从监狱中逃出。他招兵买马，自封为沙皇彼得三世，在攻克附近几个关键的地盘后，向白山炮台进攻。米朗诺夫为保卫白山炮台以身殉职，格里涅夫也被捕。格里涅夫被起义农民带到首领跟前审问，他发现这个首领竟是他在暴风雪中遇见的那个农民。

首领不忘前言，释放了他。后来，格里涅夫为了救玛利亚，又一次被农民起义军抓获。普加乔夫又一次释放了他，并帮他救出了玛利亚。

从表面上看，小说主要情节是格里涅夫个人的经历和他与白山炮台长官米朗诺夫的女儿玛利亚的爱情故事。但正是普加乔夫对格里涅夫的爱情和一生，起了决定性作用。

他三次救格里涅夫于危难之中。普希金通过对他们三次交往的描写，从不同角度多层次地展现了这位农民领袖的性格特征——他是重情重义的人。越到后来普加乔夫的形象越鲜明、生动和美好，实际上也就成了小说的中心人物。

占据小说的画面中心的是普加乔夫。普希金运用了层层递进的描写方法，一步深入一步地塑造出这位农民起义领袖的重情重义的形象。

格里涅夫第一次与普加乔夫相遇是赴奥伦堡省任职途中，当时他在暴风雪中迷路，而普加乔夫正被官兵追捕。普加乔夫以"流浪汉"身份出现，帮助格里涅夫脱险。

作家主要是通过格里涅夫的感受来写普加乔夫的。沉着、机智、灵活、热心、质朴是"流浪汉"普加乔夫的主要特点。这次偶然相遇是普加乔夫的初次亮相，虽笔墨不多，但普加乔夫禀赋上的特点却很突出，给人留下的印象非常深刻。

他们第二次重逢是格里涅夫作为俘虏与作为起义军领袖的普加乔夫的重逢。普加乔夫认出格里涅夫后，立即将他释放，去留自便。这一次相见主要还是通过格里涅夫的所见所感来刻画普加乔夫的性格，在深度上要远远超过第一次。

普加乔夫爱憎分明、疾恶如仇、冷酷无情。对于反动贵族军官，他毫不留情，抓到那些人，他眉头都不皱一下，就立即把他们拉上绞刑架处决。

对待部下，普加乔夫却如春天般温暖。他虽然自称"皇上"，却从不居高临下、盛气凌人，以至于连格里涅夫都能发现"他们之间"彼此都以"同志"对待，对自己的领袖更不那么毕恭毕敬。

对待老百姓，普加乔夫更加富有爱心。这从人民对他的态度就可以看出：当他的马车经过村庄时，老百姓便站在街道两旁向他鞠躬表示欢迎，而他也向两旁挥手致意。

后来，格里涅夫为了救自己的未婚妻返回白山关卡时，第二次被起义农民抓住。这样，他得以与普加乔夫第三次相见。通过这次相见的描绘，普加乔夫的性格得到全方位的展示。在这个被沙皇政府诬蔑为"杀人不眨眼的刽子手"的农民领袖身上，闪耀着人性的光彩。

当普加乔夫知道格里涅夫是要去监狱救一个受欺侮的孤女时，两眼便闪出了愤怒的光芒，激动地说："我手下的人哪个敢欺侮孤女，不管他多狡猾，都逃脱不了我的审判。"

同时他立即跟格里涅夫一起去白山监狱，解救了玛利亚。后来，当普加乔夫知道玛利亚就是上尉的女儿时，虽然很生气，但还是成全了格里涅夫的婚事。

整部小说表现了普加乔夫自由、叛逆的精神，勇敢豪迈的气概。除普加乔夫以外，小说还描写许多普通人的生活和命运；或者说小说在描写农民起义军的领袖的同时，还广泛地描写了俄罗斯人民的生活状况。虽说作者花费的笔墨不多，但这些普通人的形象也都十分鲜明。

他们围绕着普加乔夫这个中心人物，构成了一幅色彩明艳、内涵丰富的故事画面，生动地展示出俄国历史中农民起义方面具有重大意义的一页。

格里涅夫从情节线索上看，似乎也算得上一个主角，但从思想线索上看，仍属配角人物。他虽出身贵族之家，但仍属于普通人的行列。普希金在他身上合乎逻辑和极有分寸地表现了贵族阶级的思想道德水平和人道主义的感情。

他把兔皮大衣赠予一个流浪汉，并非是在表现他的贵族式的慷慨和仁慈，而实在是出于对贫苦农民的同情之心和感激之情；他对自己的仆人的尊重，并非是一种故作伪善的姿态，而是发自内心的真情实感。他不愿意像另一个贵族军官施瓦布林一样"归顺"普加乔夫，并未考虑他与普加乔夫个人的恩恩怨怨，而是出于他的贵族思想和原则。

所以，这个人物在一定程度上表现出普希金当时的政治理想。在这个意义上，普希金在上尉米朗诺夫的身上，也表达了自己的愿望。他为人朴实，有一定的文化素质和良好的教养，生活习性都与普通人差不多。他虽不是贵族出身，但他忠于职守，在炮台失守后，以身殉职。列夫·托尔斯泰对米朗诺夫上尉这个人物评价很高，称他为"真正的勇士"。

上尉的女儿玛利亚也被刻画得十分生动。她貌不惊人，但感情真挚。看起来像个柔弱女子，但在关键时刻却胆识过人。她宁可死去，也不屈从施瓦布林。而在未婚夫有难时，她便立刻挺身而出，竟敢亲自去见女皇，请求赦免她的未婚夫。一旦风平浪静，她便安心去做她的"贤妻良母"。

玛利亚的母亲、上尉的妻子的形象也很丰满，也很有个性。平日里，她包办丈夫饮食起居的一切，甚至代他管理炮台公务。但当战斗打响，她便马上自然而然地"回归"她本来位置，把丈夫视为炮台的保卫者，并为之竭尽全力提供帮助。

此外，格里涅夫的仆人萨威里奇也很有特点。他为了要回主人的兔皮大衣，准备同普加乔夫去争斗。他为了保护主人不受到父母的责备，甚至准备牺牲自己的生命。这是一个典型的忠仆的形象。

《上尉的女儿》就是以这样生动而真实的形象反映出俄罗斯人民的生活和精神风貌，反映出俄国历史上农民起义的重要作用。小说在艺术创作上有许多创新之处，对后世作家产生重大的影响。把虚构的人物与历史人物、个人的悲欢离合与重大历史事件有机地融合在一起的写法，是《上尉的女儿》艺术上的总体特点。

这种写法，据说最早是在18世纪末期英国小说家司各特的历史小说中出现的。普希金借鉴了这种写法，并对其加以灵活运用，使之达到了新的发展水平。

普加乔夫是一个历史人物，而格里涅夫则是一个被作者虚构出来的人物。自然，他也有生活原型。据说，在历史上确有一个投靠了普

普希金·名垂千古的诗人

加乔夫的名叫斯万维奇的军官。普希金把他一分为二，他的一部分经历给了格里涅夫；另一部分则体现在小说中另一个人物施瓦布林身上。历史人物和艺术人物经过普希金的合理加工走到一起，作家就可自如地安排他们之间的活动和交往，其中便有一种"假作真时真亦假"的奇妙。这正是普希金在塑造人物上的高明之处。

此外，小说的题名与它的实际内容也有一种"相游离"的倾向。作品名为《上尉的女儿》，但"上尉的女儿"却不是主角，甚至连第二主角也算不上。

自然，这种情况在世界文学中屡见不鲜，在莎士比亚、巴尔扎克那里都有不少这样的例子，如巴尔扎克的名著《高老头》便是如此。据说巴尔扎克在动笔之初，是想让书名与人物相统一的，也就是说要把高老头写成主角，但写着写着，作品的重心随着情节的发展发生了偏离。

而普希金却不相同，可以说他是故意"文不对题"。其目的无非是想避免被政府找麻烦，让大家以为他写的是一部有关爱情题材的小说，而并非在为农民起义领袖普加乔夫树碑立传。

《上尉的女儿》这部作品的结构匀称，布局合理，情节简单、紧凑，语言简洁，几乎在各个方面都成为后来俄国小说的典范。

从结构和布局看，格里涅夫个人婚姻的线索贯穿全书，除此之外无任何余线，沿着这条线索，先后展开普加乔夫的活动，人物和场景安排得井井有条。用别林斯基的话来说就是："永远也不曾使人感到有什么多余的地方，或者什么不足的东西；一切都恰如其分，一切都适得其所。既不能删掉什么，也不能增加什么。"

情节发展迅速，但又不使人感到突兀，一切都顺理成章，按部就班地发生、发展、延续。比如，读者几乎读不到多少格里涅夫和玛利亚恋爱的情节，但丝毫不会觉得他们的相爱有什么意外的和不可理解的。

到第四章，作者就已让格里涅夫和施瓦布林为玛利亚而决斗了。对此，读者也不会觉得有任何突兀之处。莫洛亚说，屠格涅夫的小说的情节发展速度快得"有如奔命"。其实，这样的手法是屠格涅夫从他的老师普希金那里学去的。

这种既简洁又充实的艺术效果，显然也取决于作品的语言。作为俄罗斯文学语言的创始人，普希金是把"准确、朴素和简洁"等要素放在第一位的，这同时也是《上尉的女儿》语言上的特色。比如，作者在第二章这样描写草原上的天气变化：

> 而这时，风越来越大，那朵小云变成白色的浓云，正沉沉地涌起、增多，逐渐布满天空，飘起了细小的雪花——而忽然间就落起了鹅毛大雪了。
>
> 风在呼啸，暴风雪来临了。顷刻间苍茫的天空跟雪的海洋混搅在一起。万物都消失不见了。

这短短100来字，就写尽一场暴风雪的骤起的过程。这一情景要是换别的作家来写，可能要上千字或几千字才能完成。无怪果戈理这样说："同《上尉的女儿》相比，别人的小说简直都成了一碗油腻的菜汤。"

创办《现代人》杂志

普希金在创作《上尉的女儿》的同时，还创办了一本名叫《现代人》杂志。这是俄国文学界的又一件大事。

茹科夫斯基的家是文学家们活动的中心，每逢周六，文学界的朋友们都在这里举行聚会。他们或朗诵自己的最新著作，或畅谈文学界的风流逸事，或交流文化信息。

一次，亚·屠格涅夫从巴黎的一封来信激发了大家的灵感，他们忽然萌生了想办一份杂志的念头。在普希金的朋友之间，非常推崇像英国的《季刊》和法国的《历史年鉴》这一类综合性大型期刊。

1835年12月31日，普希金向本肯多夫提出创办一份杂志的申请。两周后，申请得到批准，但有一个附加条件：不许出政治方面的专栏。这样，普希金便在果戈理、维亚泽姆斯基、茹科夫斯基等人的直接帮助和支持下筹备刊物。

1836年4月11日，《现代人》杂志第一期正式出版。这期创刊号上刊登了普希金的《吝啬的骑士》《阿尔兹鲁姆旅行记》等作品，还有果戈理的《马车》等。在发刊词《论杂志文学的发展》中提出"生动、新颖和敏锐"的创作方针。

1836年6月间，《现代人》第二期通过了书刊审查。这一期刊载了普希金关于俄国科学院和法国科学院的文章、维亚泽姆斯基评论《钦差大臣》的文章和俄国诗人柯尔卓夫的诗篇《收获》。

柯尔卓夫是一位来自民间的农村诗人，他的诗作有一种清新的田园气息。普希金非常欣赏他诗歌方面的才华，鼓励他要珍惜自己的才华，勤劳地写作。柯尔卓夫后来回忆起普希金对他的帮助，总是眼含热泪。

这一期上还刊载了署名为费·丘的《寄自德国的诗》。这是当时还不知名的诗人丘特切夫最早的诗作，其中的《春潮》《喷泉》《沉默》和《大自然不像您想象那样》等诗，后来都成为俄罗斯抒情诗中的精品。

据普列特涅夫回忆，普希金当时偶然发现丘特切夫的这些诗作时非常高兴，竟把这些诗稿带在身上达一星期之久，每当闲暇的时候都会拿出来翻看，并不住地赞叹。

普希金的文学批评活动，早在18世纪20年代就已经开始了。不过，他当时所进行的批评工作，基本上还是少量的、零星的。现在，他创办了杂志，有了自己的阵地，他的批评活动也就得以全面展开。

批评家普希金的视野是很广泛的，他涉及的不仅仅限于文学和诗歌，有时候他也关心一些国际政治问题。如他在《现代人》上发表过涉及美国和英国的文明及社会制度的文章。而在纪念自由战士拉季舍夫的文章里，普希金是以反对专制制度的斗士面目出现的。

至于在有关果戈理、巴拉丁斯基、杰尔维格乃至拜伦、司各特等作家和诗人的评论中，在有关古典主义和浪漫主义的论述中，普希金作为一个文学批评家表现出独到的审美力和历史主义眼光。他的真知灼见，在俄国文学批评史和美学史上都占有着重要地位。

普希金最先从根本上肯定批评也是创作，并号召诗人和小说家把自己对文学的思考都写成文章加以发表。

与此同时，普希金注重鼓励和培养新生力量，当时在俄国还默默无闻的少数民族作家苏尔丹·卡扎·基列就是其中一个。《现代人》的第一期就刊登了苏尔丹·卡扎·基列的短篇小说《阿日图盖山谷》，普希金写道："这可真是我国文学中出人意料的现象：半野蛮的高加索的儿子竟然参加到我们作家的行列里来了。一个契尔克斯人运用俄语竟然如此流畅、有力和生动……"

关于《现代人》的头几期，年轻批评家别林斯基在莫斯科的《论坛》上发表了评论。他承认这份新杂志无论从出版者的名望而言，还是就上面刊登的文章独具特色而言，都是"重要和有趣的现象"；同时也提出一个问题，就是能否扩大新刊物对读者的道德上的影响。

这些详细的分析，让普希金很感兴趣。普希金在这之前就知道有个年轻的文学评论家文章写得十分犀利，惹得包哥廷和舍维廖夫勃然大怒。

《现代人》的编者高度评价《论坛》的年轻撰稿人写批评文章的才能。诗人曾经打算在莫斯科同别林斯基会面和交谈，看样子是打算约他为杂志写稿。普希金器重别林斯基"有独立见解和机智"，善于发掘"大有前途的天才"。他希望别林斯基能进一步丰富自己的知识，并预言这位"杰出的批评家"前途无量。

普希金的看法是很有远见的。在他逝世以后，正是由别林斯基继承了《现代人》这份杂志，并把普希金的精神发扬光大，从而使《现代人》成为俄国解放运动和俄国进步文学的战斗堡垒，为俄国革命和文学建立了不朽的功勋。

婚后的无聊生活

1831 年 2 月 18 日，普希金和娜塔丽娅在莫斯科耶稣升天大教堂举行了结婚典礼。当盛装的新娘漫步走来，出现在众人面前时，只听见大家一片赞叹声。人们为这位漂亮的新娘嫁给著名诗人普希金而高兴。普希金也是如此，他神采奕奕地与新娘携手而行。他不由自主地挺起了胸膛，这样才可以与身材高大的娜塔丽娅一般高。

一位留着长胡子的神甫主持了结婚典礼。他宣布这对新人结为夫妻后，新人开始交换戒指。

突然，一枚戒指不小心掉在地上，普希金立刻俯身去捡。他一只手扶着《圣经》，当普希金俯身时，不小心把十字架和福音书碰到地上。这时，代表普希金的那支蜡烛被碰灭了。

普希金立起身来，一脸苍白，他低声地自言自语道："真是不祥之兆！"

新婚夫妇在莫斯科阿尔巴特街安了家。为了表明自己的独立性，在新婚的第二天，普希金就同朋友们外出了，把娜塔丽娅一人留在家里。她感到十分寂寞，一个人待在房间里，眼泪禁不住直往下流。

不过，这以后普希金便不再出门了。婚后第六天，普希金给彼得堡的普特列涅夫写信说：

我已结婚，十分幸福。我唯一的希望就是永远这样生活下去，因为这种生活不能再好了。我的生活十分新鲜，似乎完全是另一个世界。

结婚、安家和婚后的各种各样的应酬，让普希金应接不暇，把普希金多年积攒的积蓄也花光了。蜜月还没过完，普希金就没有钱了。于是他打算搬到皇村去住，这样花费要少许多，同时皇村安静的环境也利于他的写作。

5月15日，普希金和妻子离开莫斯科到彼得堡。半个月后，他们在皇村找到房子，定居下来。从普希金短暂的一生来看，1831年可能是普希金少有的幸福时期。

这一年，他结束了单身汉的生活，组建了家庭。也许是家庭生活改变了他的生活方式，使他觉得这种生活既新鲜又温馨浪漫，从而让他这颗躁动不安的心灵暂时得以平静；也许是因为有了家庭的缘故，当局对他的监控也有些放松起来，让他的行动多多少少也多了一些自由。

普希金十分宠爱他的小娇妻。妻子虽说有点孩子脾气，但毕竟是单纯而又可爱的。再说，岳母大人又不在身边指手画脚，家里也少了不少纠纷。

普希金这一时期在给朋友的信中多次这样说："我觉得，我好像完全变了。"

居住在皇村的普希金常常回忆起少年时期在这里学习的情景，回忆起他的同学和朋友，特别是经常回忆起这时已离开人世的杰尔维格。因而，他时常走进皇村中学，看看他过去学习和居住过的地方。每次，学校的小同学们总是热烈地欢迎他。他和小同学们亲切地交谈，向他们讲述自己在学校时的趣闻逸事。

不过，随着外部和家庭内部情况的不断变化，普希金的好景并不长久。7月下旬，皇宫也迁到皇村，达官贵人们也跟着到达这里，一时间皇村简直成了第二个首都。

普希金暗自诅咒皇室的突然驾到妨碍了他在皇村过上的安宁日子。这些宫廷人士蜂拥而至，带来了享乐和倾轧，搅乱了他生活的安宁。不过，小娇妻娜塔丽娅却暗自高兴，她本来就在这里感到寂寞，现在可好了，她又可以在舞会上和各种公共场合中展露她迷人的风采了。

现在，普希金的客人一下子多起来了，他和他美貌的小娇妻成了人们关注的目标。常来普希金这里的有茹科夫斯基，这位温和、善良的宫廷诗人十分关心普希金，珍惜他的才华，又常常为普希金刚直不阿的个性惹出麻烦而担忧，现在，他看到普希金变得温和多了，小夫妻过得很和睦，心里非常高兴。

他在给亚•伊•屠格涅夫的信中写到了他所见到的普希金。

> 普希金是我的邻居，我们经常见面。自从你说我望着他的妻子流涎水之后，我就认为自己已经成了一只年老的丹麦狗。丹麦老狗坐在那里，眯着眼睛，流着涎水，望着别人在他面前品尝美酒佳肴。
>
> 普希金的小媳妇长得实在可爱，我很喜欢看见他俩走在一起的神态。得知他结婚的消息之后，我一天比一天高兴。结婚对他的灵魂、生活和创作都有好处。

在此期间，常有一个矮个子的青年人到普希金那儿去，把自己写的一些故事给普希金看，请他提出修改意见。这个青年人就是后来成为文学大师的果戈理。普希金对果戈理的短篇故事非常欣赏。在读了果戈理的《狄康卡近乡夜话》后，普希金写道：

> 我刚读完《狄康卡近乡夜话》，叫我大吃一惊。这是真正的欢乐，诚挚和自觉的欢乐，毫无矫揉造作，不见鬼脸怪相！它包含着多少诗情画意！这一切都是我国文学中的新鲜事物，叫我望尘莫及！

　　普希金对果戈理的才华十分欣赏，但他们在性格上却没有多少共同之处。就才能的特点而言，普希金善于发现生活中诗意的东西，即使是非常平凡的事物，普希金也能把它提高到诗的高度。而果戈理却不是这样，他善于发现生活中的幽默，善于发现生活中畸形的被扭曲的社会现象。他善于讽刺和挖苦，用他自己的话来说，他善于把"丑恶的集成一堆"加以揭露和抨击。

　　普希金和果戈理后来分别成为俄罗斯文学中两大流派的代表人物。这两大流派就是以他们的姓氏来命名的，即"普希金流派"和"果戈理流派"，又称"心理学流派"和"社会学流派"。几乎后来所有的俄国作家都可以在不同的意义上划归到这两个流派之中。

　　值得一提的是，果戈理的两部名著《钦差大臣》和《死魂灵》的题材都是普希金提供的。如果普希金自己来处理这两个题材，那将是另一种境界和情趣。

　　常到普希金这儿来的宫廷人士，除茹科夫斯基以外，还有皇后的女官罗谢特。这个聪慧而又可爱的女子，博学多才，并且十分喜爱诗歌。在宫廷中，许多人都暗恋着这位小姐，甚至连沙皇本人也悄悄地爱着她。茹科夫斯基则称她为"天上的小鬼"。

　　罗谢特和普希金是1828年在彼得堡结识的，他们之间一直保持着很纯洁的友谊。现在他们又都到皇村来了，所以见面的机会就多了很多。"天上的小鬼"总是在早晨来拜访普希金，而每次都是小娇妻在小客厅里接待她。

　　每次，娜塔丽娅总是多少有点儿醋意地对罗谢特说："你不是来看我的，而是来看我丈夫的。"

　　而罗谢特也总是落落大方地回答："当然是来看你丈夫的。去问问他有没有工夫见我。"

　　普希金总是在这个时候推开书房的门，招呼着朋友和妻子。常常普希金拿出自己新写的诗稿，给罗谢特朗诵，而罗谢特总是听得津津有味，还不时地提出自己的意见。

娜塔丽娅有时会有些疑惑，像罗谢特这样美丽的小姐，怎么会喜欢那些乱七八糟的诗文而不是舞会上绚丽的舞蹈呢？有时她又会羡慕罗谢特，要是她也能像她那样和丈夫一起讨论起诗歌来，那该多好啊！然而她无论如何也喜欢不起来丈夫写的那些分行的文字。不过，看到丈夫和这位漂亮小姐一起谈论诗时那么的高兴，心中总免不了有些酸楚的感觉。

可"天上的小鬼"却对她说："你没有必要嫉妒我。难道你不知道，在我眼里，茹科夫斯基、普希金和普列特涅夫都是我的朋友吗？难道你没有看出，我没有爱上普希金，他也没有爱上我吗？"

娜塔丽娅回答说："这些我全知道。但叫我生气的是，你一来，他就显得十分高兴。他同我在一起时，老打呵欠。"

然而，在皇宫的舞会上，普希金和娜塔丽娅则交换了角色，娜塔丽娅兴致勃勃，而普希金却百无聊赖。舞会上娜塔丽娅被众人包围着，她在舞厅中不停地旋转着。她就像众星捧着的一弯明月，闪耀着耀眼的光芒。而普希金则坐在某个角落里昏昏欲睡。

他又不能离去，按照上流社会的惯例，丈夫始终要陪伴妻子的。无怪乎果戈理在1833年给友人的信中这样谈到普希金：

除了舞会上，任何地方你都不会遇到普希金。只有在发生重要事情和在迫不得已时，他才会去乡村。否则，他会在舞会上度过自己的一生。

一次，沙皇和皇后在皇村花园散步时，遇见了普希金夫妇。尼古拉一世早在莫斯科时就认识娜塔丽娅，如今在皇村见到她，发现她越来越漂亮，便有意安排她经常出入宫廷，以便可以经常看到这个美貌的人儿。

皇后也邀请娜塔丽娅到后宫去看看她，这一下令娜塔丽娅受宠若惊。另外，沙皇为了讨好娜塔丽娅，还把普希金安排到外交部任职，每年可得到 5000 卢布的薪水。

普希金在皇村住了 3 个多月，便感到不得安宁。同时，因为娜塔丽娅经常出入宫廷花费很大，普希金的收入有限，常常入不敷出，此时普希金常常面对着一大堆账单发愁。最终，他决定离开皇村，搬回彼得堡居住。

普希金在加林大街安下了家。此时，娜塔丽娅已怀有身孕，而普希金的手中已是空空如也。他想搬到米哈依洛夫斯科耶去，那样花费会少许多，但娜塔丽娅一听就眼泪直流，她实在舍不得离开都市，离开被万众瞩目的社交活动。

而普希金在彼得堡已赚不到钱了，只得回到莫斯科去想办法。娜塔丽娅尽管身怀六甲，依然纵情玩乐。她身穿紧身上衣，仍旧显得十分漂亮。并且她此时正春风得意，常常和沙皇跳舞。当沙皇把她轻轻地搂在怀里，随着华尔兹舞曲的旋律悠悠旋转时，她感到自己就像这舞会上的皇后一样。

1832 年 5 月 19 日，娜塔丽娅生下一个女孩。她等到身材刚刚恢复，就再次扎进无休无止的舞会之中。从普希金这个时期的书信乃至诗作来看，他和娜塔丽娅之间多少也出现了一些感情危机。

在一封给妻子的信中普希金写道："你同所有的外交官挤眉弄眼，但还不知足！我的小娘子，小太太，别这样生活了！"

在给朋友的一封信中普希金写道：

> 在彼得堡的生活毫无意义。终日为生活奔忙，顾不上发愁。我是个作家，独立活动对我必不可少，但在这里我却做不到这一点，我只有天天在人群中奔波。
>
> 我妻子打扮得很时髦，这都需要钱，而我只能靠写作挣钱，而写作又需要有个安静的环境。

在一首给妻子的诗中普希金这样写道：

> 是时候了，我的朋友，是时候了！
> 我的心早就渴望得到安宁。
> 世上毫无幸福可言，但安宁与自由还有，
> 我早已向往得到这令人羡慕的自由。

普希金深知，作为一个作家，没有安宁的环境就无法安心写作；作为一个丈夫，他的全部自由差不多都已经奉献给了妻子。而要想获得这些宁静和自由，就必须离开彼得堡。

这个时期，摊在他的书桌上已有一些没有完成的书稿，他的脑海中还有一个规模宏大的构思，那就是写一部关于农民领袖普加乔夫的大型散文作品。

而在彼得堡，除了忙乱就是陪妻子上舞会，想完成这些作品，简直是不可能的。普希金决定离开彼得堡一段时间，他在写给沙皇的报告中写道：

　　也许陛下想了解我准备到乡下写些什么作品。我要脱稿的是一部小说，主要故事发生在喀山和奥伦堡，所以我想到这两个省份去采访一下。

　　我重复一遍，除陛下慷慨许给我的俸禄之外，我没有其他收入，而在首都生活的费用昂贵，开销直线上升。

　　沙皇没有什么理由拒绝普希金，只好答应。不过，他命令警察在奥伦堡加强对普希金的监视。这样，为了安宁和自由，为了创作，普希金于 1833 年 8 月 18 日离开彼得堡。

　　在喀山和奥伦堡进行了一番实地考察后，普希金来到了他的文学圣地鲍尔金诺。

　　在这里，他仿佛又找到了感觉。鲍尔金诺的秋天赋予诗人以激情和灵感，让他文思如泉涌，写起文章来得心应手。在这里，他完成了一系列作品，除了历史著作《普加乔夫史》、长诗《青铜骑士》和小说《黑桃皇后》外，诗人还写了童话诗《渔夫和金鱼的故事》和《死公主的故事》。

　　经过艰苦但又是快乐的创作劳动后，普希金的内心得到了前所未有的充实，他对自己的才能充满了信心。然而，他的内心也不时地被一种难以名状的感情占据着。虽说鲍尔金诺依旧如前，可如今他毕竟不是几年前的他了。

　　现在他有家室，还有孩子。他的妻子既美丽又可爱，他是那样爱她，只有他自己才清楚他对她的爱有多深。可是，他的小娇妻还是那样单纯，那样容易被名利诱惑。在那险恶的环境里，她被人们包围着。这些人中自然有许多善良的好人，然而小人和居心不良的恶棍也不在少数。

　　一想起已分别数月的妻子，普希金又不免担心起来，他应该回彼得堡去了。况且，他的假期也完了，不回去，说不准妻子又要惹出什么麻烦来的。

11月20日，普希金回到彼得堡。娜塔丽娅并不知道他回来，她正在别人家跳舞呢！在普希金离家的日子里，她多半是这样打发日子的。

丈夫的归来，并不能改变她的生活方式。不过，使她感到高兴的是，丈夫这次创作的丰收，增加了家庭的收入，她也可以多添置一些漂亮的衣裙。她的漂亮的衣裙增加了她的美丽，她的美丽又增加了许多流言，而流言又增加了丈夫的苦恼。

此刻，一个不大不小的苦恼正在折磨着普希金：尼古拉一世对娜塔丽娅的美色觊觎已久，可他近来发现在宫廷的舞会上很少有娜塔丽娅的身影，便询问此事缘由。

原来，娜塔丽娅不能够经常出入宫廷舞会，是因为她丈夫普希金的职衔太低，没有权利得到邀请。于是沙皇想出了一个点子，就任命普希金为宫廷近侍。这样，娜塔丽娅就可以有资格在皇家舞会上频繁露面了，他也就可以把这个美人搂在怀里开心地跳舞了。

通常，宫廷近侍这一职衔，是授予血气方刚的小青年的。现在要早已年过30岁、头发已经花白的普希金站在一排18岁以下小青年当中，是那样的不协调。而这一切还是为了让皇上能够常在宫廷舞会上见到他的妻子，可想而知，普希金的心情会是怎样郁闷。

可是，普希金又不能拒绝，拒绝不但会引起家庭的不和与争吵，更会引起沙皇的不满。况且，社会上早就流言四起，说普希金是通过自己的老婆获得这个闲职的；伴随着这些流言，自然还有更加难听的话。

普希金婚后在彼得堡的生活是痛苦的，而且，这种痛苦的生活中还埋藏着不幸的火花，它随时都可能引发成为一场灭顶之灾。

普希金的同时代人、作家索洛古勃后来在他的《回忆录》中谈到这一点时有过中肯的分析。他写道：

说实话，普希金是极端不幸的，他的主要不幸就是他住在彼得堡，过着足以毁灭他的上流社会生活。普希金处在那样一些人中间，他不能不感到自己比他们优越，同时又感到自己在这个贵族上流社会中在待遇和所起作用方面一贯是受屈辱的。

我们的社会就是这样，一个没有官衔的最伟大的艺术家在官方社会中所处的地位比一个最低级的司书还要低。他对上流社会的一些规矩，表面上也表现出似乎是蔑视的态度。

他的妻子是一位美女，是所有集会的装饰品，因而也是她的同年的女士的嫉妒对象。

为了能邀请她参加宫廷舞会，普希金被封为宫中低级侍从。为伴随美丽的妻子穿着宫廷礼服的这位自由的歌手，扮演了一个可怜的，几乎是可笑的角色：普希金不是本来的普希金，而是一个普通的内廷大臣和丈夫。

他热爱妻子，为她的美丽而自豪。他完全信任她。他嫉妒她，不是因为他对她有什么怀疑，而是因为害怕上流社会的流言，害怕在上流社会的舆论面前成为更加可笑的人。他致死的原因就是这种害怕心理，而不是他无须害怕的丹特士先生。

普希金，正像他的悲剧的主角一样，不可抗拒地、一步步地走进了上天注定的悲剧矛盾和冲突之中；也正像那支婚礼上的蜡烛一样，生活的风暴随时都可能把它扑灭。

婚变的缘由

娜塔丽娅是一位貌美如花的女人，她以自己的美丽赢得了普希金的爱。他们俩一位是才子，一位是佳人，的确是佳偶天成，天生的一对。

要是娜塔丽娅也有诗歌方面的才能，普希金长得更为英俊，那就更加完美了。然而世间的事情总是很难十全十美的，并且造物主也是公平的，他赋予她以美貌，就不再给她以才华；他给他以才华，就不再赐予他以英俊的相貌。

不少善良的人都曾怀有过这样的善良的愿望或假设，要是娜塔丽娅不爱虚荣，不热衷于在舞会上炫耀自己的美貌，少给普希金惹麻烦，那普希金也许就不会死于非命。

或者普希金不找这样一个妻子，而找一个志同道合的人，那也不会有后来的结局。然而这都只是人们的善良愿望而已，事实上在当年这样的假设都是不可能的。从普希金的性格和娜塔丽娅的天性来看，普希金遇见了娜塔丽娅这样令他动心的美丽的女子而不去追求，那他就不是普希金了。要娜塔丽娅拥有如此的美貌而不频繁出入社交场所、却成天待在家中做贤妻良母，也一样不符合娜塔丽娅的性格。

先不说这场悲剧后面各种复杂的社会背景，仅就普希金与娜塔丽娅的结合一事而言，简直就是宿命的安排。

如前所述，就连地位至高无上的沙皇尼古拉一世，也觊觎着娜塔丽娅的美色。他经常骑马走过娜塔丽娅的窗前，故意打马飞奔，想引起她的注意。

而在晚上，在宫廷举办舞会时，尼古拉一世搂着娜塔丽娅柔软的腰肢，柔声地向她发问："您为何总是拉紧窗帘？"

关于沙皇和娜塔丽娅，当时就有不少流言蜚语。其中有这么一条，意思是沙皇在娜塔丽娅面前已不是沙皇，而是一个骑兵少尉。

不过，据当年一些人的说法，尼古拉一世也并非是那种好色之徒，他不过是喜欢和漂亮女子调情，而娜塔丽娅又正符合他的口味。不过，对于娜塔丽娅来说，皇上的垂怜让她受宠若惊，她甚至也因此而感到骄傲。这符合她的教养和身份，没有什么可奇怪的。至于她的丈夫会怎么样想，她是考虑不到这么多的。

如果事情仅仅是眼前的这个样子，那也许还不至于惹来更大的麻烦。因为沙皇只不过是要找娜塔丽娅寻寻开心而已，他并非真心爱上了她，而娜塔丽娅不会也不可能爱上皇上，普希金也不会去找皇上决斗。

可是，一个翩翩少年就要取代沙皇的位置，他站在娜塔丽娅的面前，向她献上鲜花和他的殷勤。他身材高大，健壮而又英俊，与娜塔丽娅站在一起，吸引着众人的目光。而在舞会上，他们像王子和公主一样成为最引人注目的一对儿。这个青年人就是丹特士。

乔治·查理·丹特士，法国人。他1812年2月5日生于法国阿尔萨斯的苏尔兹，比娜塔丽娅小了几个月。他的父亲是约瑟夫·贡拉男爵。

丹特士幼年在莱茵的封丹中学读书。1829年，他以第四名的优异成绩考入圣西尔军校，1830年法国革命使他被迫中断了学业。由于他出身于正统的贵族家庭，所以他参加了保皇军团，试图恢复查理十世的帝王功业，但是后来没有成功。

丹特士回到老家苏尔兹，但又忍受不了乡下的寂寞生活。他先是通过父母的关系想到普鲁士军队里任职，但他又不愿意从基层军官干起。于是，他就通过普鲁士国王的介绍，到俄国来碰碰运气。

在途经德国时，他偶然间结识了一位身世显赫的大贵族，这就是当时荷兰驻俄公使冯·盖克恩男爵。盖克恩当时已 40 多岁，仍过着独身生活。他非常喜欢这个年轻人，便充当起他的保护人，后来又把他收为义子。

关于盖克恩和丹特士的关系，当年有不少流言。有人说丹特士是这位公使的私生子或侄子；有人说丹特士是查理十世的私生子，还有人说他们之间有一种不正常的男性关系，用今天的话来说就是类似同性恋的关系。

而据当时人们的观察，这位公使大人从不和任何女性交往，而丹特士却喜欢追逐女性。由此有人推断，在他们之间，丹特士只能是受害者。

上述种种说法只是流言，并没有真凭实据。不过，丹特士英俊潇洒，惹人喜爱，特别是深得年轻女性的喜爱，却是真的。

屠贝茨科伊公爵这样说过："他生得十分英俊，在女色方面的成功毁了他一生。他是外国人，所以对待女性十分大胆、十分放肆，胜过我们这些俄罗斯人。在女性的宠爱之下，他更是得寸进尺，越来越猖狂，简直到了我们社会所不能容忍的地步。"

另一个人则这样写道："女人对他是你争我夺的目标。"在这些成为争夺目标的女人当中，有娜塔丽娅两姐妹。而且，随着时间的进展，丹特士追逐的中心集中到这两姐妹特别是娜塔丽娅身上。他们两人，一是最时髦的夫人、舞会上的皇后；一是最受青睐的军官、女人们的偶像。

从丹特士方面讲，能把这个最迷人的女人吸引到自己的身边，是一件很荣耀的事情。从娜塔丽娅方面讲，让翩翩少年拜倒在自己的石榴裙下，是件得意的事情，而丹特士正是她心目中的理想的男性。

至于叶卡捷琳娜，则常常处于一种尴尬的境地。她狂热地爱着丹特士，但丹特士的心思却放在她妹妹身上，对她只是敷衍搪塞。而她心里也非常清楚，但她又想经常看到丹特士，所以人们总看见他们在一起厮混。

关于娜塔丽娅和丹特士的关系问题，历来是人们议论很多的话题之一。如果说，丹特士追求娜塔丽娅，只是出于虚荣心和炫耀自己，而娜塔丽娅与丹特士眉来眼去，也只是为了消遣和解闷，为了弥补一些她在丈夫身上得不到的东西。那么，人们谴责他们是不无理由的，而并非完全是因为他们的关系牵涉到人们崇敬的伟大诗人普希金。不过，据后来披露的材料看，娜塔丽娅和丹特士之间的关系也并非完全是那种轻浮和互相玩弄的调情关系。下面的一段话，见于丹特士于1836 年 1 月 20 日写给他正在国外的养父的信。

更糟的是，我已坠入情网，难以自拔！是的，我都快要发疯了，不知该怎么办。我不告诉你她是谁，因为信件有可能丢失。你就称她为彼得堡的第一美人儿吧！

她叫什么，你能想起来。使我的处境更为发窘的是她也爱我，但我们又不能经常相见，因为她的丈夫是个醋坛子。亲爱的朋友，我把这一秘密告诉了你，因为我知道你会分担我的忧愁。

但请看在上帝的份儿上，千万别告诉别人，也不要打听我追逐的那人是哪一位。那样你就会在无意中毁了她，而我也将无以自慰。因为，为了她，为了叫她高兴，我什么都肯干。

我近来的生活简直如同在受刑。两人相爱，但在四步舞的间隙里又不能挑明，这可真叫人难受。不过，请你放心，我会十分小心的。直至今天，我一直十分谨慎。这个秘密只有她知我知。

如果这些话可以相信的话，那可以认为丹特士是真的爱上娜塔丽娅而陷入情网了。从以上的话中还可以大概知道，娜塔丽娅差不多也是陷入情网。而从丹特士另一封写给他的养父的信中，则可以更加清楚地了解到娜塔丽娅的态度。当丹特士要娜塔丽娅当他的情妇时，娜塔丽娅拒绝了。

这个女人，别人都说她头脑简单。但不知是否爱情的力量从中起了作用，反正在那次交谈中，她的谈吐很有分寸，十分优雅，很有头脑。

她很难找出什么理由拒绝，因为她要拒绝的男子是喜欢她的，希望她为他作出牺牲。她十分从容地向我介绍了她的处境，并且十分天真地要我原谅。我的确被她说服了，无言以答。你知道她是怎么安慰我的吗？

她说："我爱您胜过任何人，但您永远不能够得到我的心，因为其他的一切都已不属于我，我只有尽到做妻子的全部义务才会感到幸福。您可以抱怨我，但也请您一如既往地爱我。我的爱将是对您的报答。"

瞧，假如周围没有别人，我真会扑倒在她脚下，吻她的双脚。我要告诉你，从那天起我对她的爱进一步加深了，但现在情况有变化。我尊敬她，敬仰她，如同人们尊重和敬仰自己的救命恩人一样。

上两封信的内容看来基本上还是可信的，因为这些都是在私人信件中谈及的，一般说来其中不会有其他目的。如果这一点可以成立，那么，丹特士和娜塔丽娅之间发生的一切并不是没有爱情基础的。

如果把对普希金的敬意暂时放到一边，而单从事情本身来看，他们之间的境遇，在某种意义上简直和《叶甫盖尼·奥涅金》中后来的奥涅金和达吉雅娜差不多，而且娜塔丽娅在上面回答丹特士的一番话，几乎和达吉雅娜后来回答奥涅金的那段有名的内容如出一辙。

或者我们还可以这样说，他们之间的关系就和同居以前的安娜·卡列尼娜与沃伦斯基差不多。换句话说，普希金在这里面充当的便是一个痛苦的角色。

像丹特士和娜塔丽娅的这种关系，在当时俄国上流社会中司空见惯，不足为奇。仅从这种关系而言，他们也不应当遭受更多的谴责，何况他们之间还是有爱情的，何况娜塔丽娅还是有所克制的，最后并没有把这种关系扩大化。

如果普希金仅仅因为丹特士爱上娜塔丽娅而和他决斗，那丹特士也不应受到过多的谴责。因为当年普希金为了捍卫自己的名誉和许多人如索洛古勃、克鲁斯金等人都决斗过，他们中有的人还成为他的朋友。

丹特士之所以被永远钉在耻辱柱上，有两个原因：一是他不仅只是普希金的情敌，而且充当了整个上流社会乃至政府当局迫害普希金的走狗；二是他最后成为杀死普希金的凶手。

用诗人丘特切夫的话来说，他就是刺杀人们心目中王者的凶手。而不管是谁，不管是因为什么原因，只要担任了这一角色，就不可能被人们原谅。

现在，悲剧的序幕已经拉开，戏也就得要唱下去，冲突不断，高潮迭起，不到鱼死网破，戏是不会收场的。这是人们意料之中的事。然而剧中人自己并不清楚，他们仍在扮演着各自的角色。

按照古典主义戏剧的套路，最后都是皇权出来解决矛盾，落得个皆大欢喜的大团圆的结局。善良的人们都希望出现这一结果。可是，在这场悲剧中，皇权却不为真善美撑腰提气，却为假恶丑推波助澜。

为了爱情的决战

当丹特士和娜塔丽娅的关系公开化后，普希金非常痛苦。

一次，维亚泽姆斯基目睹到这样一幅情景：丹特士和娜塔丽娅、叶卡捷琳娜在大街上散步，碰巧被普希金撞见。维亚泽姆斯基后来回忆起这件事时写道：

> 当时，普希金匆匆从我们面前走过，犹如一阵风，马上消失在人群中去了，连头也没有回一下。
>
> 他的面部表情十分吓人，我当时就预感到要出事儿。

如果丹特士追求的不是娜塔丽娅，或者如果娜塔丽娅的丈夫不是普希金，那事情也许不会发展成后来的样子；可是问题正出在这里，这个美人儿的丈夫正是政府当局和上流社会都不喜欢的普希金。

盖克恩在国外接到义子丹特士告知他和娜塔丽娅的关系的信时，还告诫丹特士要小心谨慎，最好不要介入别人的婚姻；可是等到他回到彼得堡后，反而为丹特士追求娜塔丽娅出谋划策，原因就是普希金是外交大臣的仇人，而他是外交大臣的朋友，所以普希金也就是他的仇人。

而现在正好有这么一个千载难逢的机会，要利用这个机会把普希金搞臭，让他抬不起头来。包括最高当局在内，持有这样的想法的大有人在。

由此可见，情场上的角逐已经演变为一场政治迫害了，普希金面对的已不是丹特士一人，而是整个他曾经用他自由和战斗的诗歌抨击过的上流社会。

10 月间，丹特士得病了，这场斗争本可以平息一阵子的，不料老盖克恩却亲自出马，他顶替义子的角色。他追逐着娜塔丽娅，不断地在她耳边灌输他的义子如何如何爱着她之类的话，甚至还说要是娜塔丽娅长久不答应丹特士的要求，那他可能会自杀。

据说在一次舞会上，盖克恩还向娜塔丽娅出了一个鬼点子，要她离开普希金，和丹特士私奔到国外去。这件事被娜塔丽娅断然拒绝。

事情发展到这个地步，娜塔丽娅也开始有些害怕了。然而事态还在进一步发展和恶化。

1836 年 11 月 4 日，普希金收到一封用法文写的匿名信，信上竭尽全力侮辱普希金，骂他是戴绿帽子的"龟公"。

同一天，普希金的一些朋友也收到了同一内容的匿名信。仅就这封匿名信的内容而言，并未牵涉到丹特士。信中所说的纳雷什金的妻子曾是沙皇亚历山大一世的情妇，把普希金列入这个名单则是暗示娜塔丽娅和沙皇尼古拉一世有某种暧昧关系。

但普希金下意识地意识到，这封信是盖克恩所为。据维亚泽姆斯基称："一收到匿名信，普希金就认为盖克恩是匿名信的作者。直至咽气时，他都一直这么认为。"

不过，从后来查明的情况看，普希金的直觉基本上还是对的。匿名信虽不是盖克恩亲笔所写，但却是他们一伙所为。

1927 年 6 月，也就是在诗人逝世 90 年后，这封匿名信经鉴定是盖克恩的同伙多尔戈鲁夫伯爵所写。

普希金接到匿名信后，愤怒异常。他把娜塔丽娅叫出来，把匿名信交给她。娜塔丽娅脸色苍白，吞吞吐吐，不敢承认她与丹特士的关系。

普希金则忍无可忍，在第二天就下战书提出和丹特士决斗。当盖克恩得知普希金要和丹特士决斗的消息，又害怕起来。他知道普希金是一位决斗高手，他害怕义子会死在普希金的枪下。

他赶到普希金家中，请求延缓决斗时间。普希金看到他一脸忧愁的可怜的样子，不禁动了恻隐之心，答应延缓两周的时间。此后，在盖克恩的奔走下，在忠厚善良的茹科夫斯基等人的调停下，事情出现了某种转机。

丹特士年轻气盛，面对着普希金的挑战，本来是非来应战不可的，但在盖克恩的规劝、威胁和利诱下，终于作出了让步，转了一个弯子。他向外界承认，他并非是追求妹妹娜塔丽娅，而是爱她的姐姐叶卡捷琳娜；并且在公开场合与叶卡捷琳娜表示亲热，同时还正式向她求婚。

这样，情况就发生了变化：如果丹特士和叶卡捷琳娜结了婚，那就很有意思，丹特士就成了普希金的连襟，也就是说他们成了一家人了，那决斗的事便可迎刃而解了。

1837年，丹特士和叶卡捷琳娜按照东正教和天主教的双重仪式举行了婚礼。普希金没有出席婚礼，而是让娜塔丽娅代表他出席。这样，决斗的事便没有再提。

从表面上看，在这个回合中，普希金多少也算占了一点上风，挽回了一点面子。但丹特士的贼心不死，事情远远没有就此结束。

丹特士和叶卡捷琳娜结婚后，试图与普希金和好，但普希金的态度很清楚，不与他打任何交道。丹特士在盖克恩的建议下，先后给普希金写过两封信。

第一封信是普希金在一个朋友家吃饭前收到的，他对信不屑一看，就把它撕得粉碎，并对当时在场的盖克恩说："我和丹特士没有任何关系！别看他娶了我妻子的姐姐，我还是不会把他当姐夫看的。不要再给我写什么令人作呕的信了。我是不会接受的，你们也别白费工夫了。"

后来，丹特士上门来做婚后的拜访，普希金闭门不见。于是，丹特士又给普希金写了第二封信。普希金这次没有把信撕掉，而是想把信通过别人退给丹特士，却不料在朋友家中再次遇见盖克恩。

普希金走到盖克恩跟前，从口袋里拿出信，请他退给写信人。盖克恩回答，这信不是写给他的，他不能接受。

此时，普希金勃然大怒，把信向盖克恩的脸上扔过去，喊道："你拿去吧，无赖。"

盖克恩之所以三番五次要丹特士忍让，是因为他心中有鬼。他虽然不是匿名信的直接书写者，但他参与了这件事，这一点他自己心中是清楚的。

他生怕万一这件事被查出来，给自己的名誉造成影响，会影响他的仕途。可丹特士少年气盛，本来就不情愿忍让，现在养父遭到如此侮辱，不禁怒发冲冠。于是，他便开始变本加厉地报复普希金。

这以后丹特士变得十分猖狂，不论是在舞会上，还是在剧场，只要娜塔丽娅一露面，丹特士便围着她转来转去，而把他的妻子叶卡捷琳娜晾在一边。

这样，局面仿佛又回到了丹特士结婚以前。娜塔丽娅是这样一个女子，当惹出麻烦的时候，她便向丈夫发誓，不再理睬丹特士。

可事情一过，她又经不住丹特士的甜言蜜语，于是又像从前一样和丹特士说笑嬉闹。况且她还会这么想，反正丹特士还是她的姐夫，和自己的姐夫说说话有什么大惊小怪的呢?!

丹特士却胆子越来越大，甚至开始公开地挑逗、勾引娜塔丽娅。

一次，丹特士以修脚医生为话题，用法语对娜塔丽娅说了一句这样的话："您的鸡眼比我妻子的漂亮。"

这是一句双关语，在法语中"鸡眼"和"肉体"是谐音，所以这句话是挑逗性的和侮辱性的。

娜塔丽娅当时脸色发白，不知所措。普希金后来知道了这件事情，气愤不已。更有甚者，丹特士还设下圈套，诱骗娜塔丽娅与他幽会。

　　1837 年 1 月 25 日，娜塔丽娅收到她的一位女友波列季卡的信，请娜塔丽娅马上到她家里去一趟。这个波列季卡对普希金不满，因为他拒绝过她的要求，所以她也想使普希金出丑，便充当起"皮条客"来。

　　当娜塔丽娅到她家后，发现丹特士也在那里，知道中了圈套。而此时波列季卡却趁机溜走，让丹特士和娜塔丽娅单独相处。丹特士跪在娜塔丽娅面前，请求她答应和他一道私奔到国外去。丹特士甚至还拿出手枪，威胁娜塔丽娅，说要是她不答应，他就在她面前自杀。娜塔丽娅吓得直叫。

　　叫声惊动了波列季卡的女儿，她对此事一无所知，便一头闯了进去。这样，娜塔丽娅才趁机脱身而逃。看来这一切都是预谋。当晚普希金便收到一封匿名信，信中称他的妻子在一朋友家与丹特士幽会，他已无疑戴上绿帽子。

　　于是普希金就问娜塔丽娅到底发生了什么事，娜塔丽娅惊魂未定，把一切和盘托出，并委屈地倒在丈夫肩上大哭一场。此时，普希金怒火中烧，气得浑身发抖。他挥笔疾书，立刻向盖克恩下了战书。这封信措辞猛烈，让盖克恩没有退路。

　　普希金是冲着他来的。这样，一场你死我活的决斗便不可避免了。当局自然知道决斗一事，而且在决斗前夜，盖克恩还找过警察头子本肯多夫，请求他不要插手此事。

　　本肯多夫接受了盖克恩一伙的建议。其实他心里早有打算：要是普希金被打死，政府就少了一个用自由思想来蛊惑人心的敌人。要是他没有被打死，那当局也可以对他绳之以法，把他治罪，或者流放、或者监禁。

　　这就是政府方面对待这次决斗的态度。这一阴谋的策划，一步步把普希金逼向绝境。

1837 年 1 月 27 日下午 17 时左右，在彼得堡郊外黑河边的雪地上，普希金和丹特士举行了决斗。普希金的助手是他的皇村中学的同学、工程兵中校丹扎斯；丹特士的助手是法国驻俄大使馆随员达尔沙克子爵。

按照决斗的规则，决斗双方的距离是 20 步，射击前双方的界桩离他们各 5 步，也就是说两个界桩相距有 10 步。决斗的信号一响，双方就可以相向而行，这时双方随时都可以开枪。如双方都未击中对方，则从头再来一次。这一决斗的规则是非常残酷的，对于双方来说，都是凶多吉少。

双方助手把普希金和丹特士各领到离各自的界桩 5 步远的地方，并把手枪交给他们，助手就退下。此时，决斗的双方便相向而立，等待决斗开始的信号。

丹扎斯把帽子一挥，宣布决斗开始。只见他们两人都向界桩走去，普希金动作敏捷，很快就跑到临界线处。而丹特士稍微慢一些，离临界线还有一步之遥，他见普希金先行到达，便未等到达界线处就开了枪。

枪声响了，普希金摇晃了一下，便倒了下去。他喃喃自语："我觉得我的股骨被打碎了。"两位助手向他奔去。丹特士也想向他走来，但普希金的神志很清楚，他制止丹特士，吃力地说："等一等，我还有力气开枪。"

此时，丹特士面对着倒地的普希金，站在临界线处，用右手护住胸膛等普希金开枪。

普希金倒下去的时候，枪掉在雪地上，这时丹扎斯递给他另一支手枪。普希金接过枪，用左手微撑起身子，瞄准丹特士，随着一声枪响，丹特士应声倒在雪地。

普希金问丹特士伤在哪里，丹特士回答："我想是伤在胸部。"

普希金说了声"太好了"，就把手枪扔到一边。

其实，普希金并非像他当时的感觉那样伤在右腿，而是伤在右腹，而且伤势非常严重。而丹特士也并非伤在胸部，他是侧身而站，子弹只从胸部轻轻擦过，打在手上。

两辆雪橇拉着两个受伤的决斗者向城里驶去，普希金在前，丹特士在后。路上遇见盖克恩派来的马车，丹特士和他的助手建议用马车把普希金拉回家。丹扎斯同意了，但他没有向普希金说明马车是盖克恩派来的，因为那样，普希金肯定是不会同意的。于是，普希金就被抬上了马车。

普希金被家人安置在他的书房，他的伤势很严重。他不愿意让娜塔丽娅看到他痛苦的样子，便叫她走开，不让她待在他的身边。当天晚上，伤势进一步恶化，普希金疼痛难忍，甚至想开枪自杀。他叫仆人把抽屉里的手枪拿给他，仆人拿枪时预先告诉了丹扎斯，于是丹扎斯便过来把枪取走了。

第二天早晨，普希金的伤痛稍微有些减轻，他让人把娜塔丽娅和孩子们以及妻姐亚力山德拉叫进书房，和她们逐一告别。

娜塔丽娅一头扑到丈夫身上，握紧他苍白的手。她已是蓬头垢面，满脸倦容，悲痛欲绝。而孩子们也是睡眼惺忪，他们还太小，根本不明白发生了什么事情。

中午，医生让普希金服了几滴鸦片，普希金的感觉稍微好了一些。来看望普希金的人络绎不绝。一些好友像茹科夫斯基、维亚泽姆斯基、屠格涅夫等人，在普希金离开人世之前，几乎都没有离开过诗人的家。

在大门口已是人山人海，大家都非常关心诗人的伤势，以至于连普希金家里的仆人都有些疑惑不解，到底他们的主人是何等伟大的人物，竟有这样多的人前来关注他的伤情。一个老人惊讶地说道："天啊！我记得库图佐夫元帅逝世时都没有出现过这样的场面。"

1月29日早晨，普希金的病情越来越糟，医生们都说没有希望了。彼得堡最著名的阿连德医生都宣布病人活不过两小时，丧钟即将敲响。

普希金吩咐，叫娜塔丽娅进来。他很平静地对她说："我死后，你就住到乡下去吧！设法让他们忘掉你。你为我守孝两年后就改嫁吧，但要嫁个体面的男人。"

中午时分，普希金突然提出要吃草莓。丹扎斯找来草莓，普希金要娜塔丽娅喂他吃。普希金吃得很有味，每吃一口就说："真好吃。"

下午14时45分，当娜塔丽娅刚离开书房时，普希金出现了濒死的症状。他用逐渐黯淡的眼睛扫视了一下他的书柜，轻声却又清晰地说道："别了，别了。"接着就平静地离开了人世。

正当他停止呼吸的时候，娜塔丽娅回到了书房。她见丈夫死去，立刻扑向他，跪在他的床前。她一边摇着普希金的身子，一边号啕大哭："普希金，普希金，你还活着吗？"

此时，普希金再也不能回答她了。

这时，大夫进来了，娜塔丽娅抓住大夫的手，大声喊道："是我杀死了丈夫！我对他的死应当负责。但我可以对天发誓，我的灵魂和我的良心都是纯洁的。"

普希金死了，俄罗斯诗歌的太阳陨落了！朋友们为普希金洗身沐浴、梳头、换衣，为他穿上了那件代表着"幸福"的燕尾服。这是7年前他向娜塔丽娅求婚时所穿的衣服，现在要永远随他而去了。朋友们打开诗人的钱包，里面仅有75个卢布。大家把75个卢布分掉，留作永久的纪念。

　　普希金的遗体停放在他家的前厅里，前来吊唁的人把这里围得水泄不通。他们多半是平民百姓，并不认识普希金，但都知道普希金的名字，或读过他的诗篇。此刻，这些陌生的人在哭泣，在呐喊。

　　有人在高叫，要杀死凶手丹特士；有人则呼喊着，要处死"笨蛋外科医生"。

　　1月30日，普希金的遗体被移往御马厩街教堂。第二天，在这里举行安魂祭。由于前来参加安魂仪式的人太多，不得不采取凭入场券才可进入教堂的办法，但教堂里还是人山人海，连街上都挤满了人。

　　1837年2月4日凌晨，普希金的灵柩在宪警的押送下被运往米哈依洛夫斯科耶村附近的圣山，2月6日在圣山修道院下葬。

历史永远铭记

上流社会对普希金的死无动于衷，相反，却对丹特士的伤情关怀备至。当局力图淡化诗人的死，却又没料到普希金的逝世引来如此之大的社会影响。

警察机关下令禁止发表任何悼念普希金的文章，销毁新印刷的普希金的画像，但这仍阻挡不了人民悼念诗人的浪潮。书店里普希金的作品被抢购一空。当局乃至沙皇本人还通过各种方式收到不少匿名信，要他们"尊重人民的意志"。

就在这时，在社会上流传着一首诗歌手抄本，它字字带血，句句含泪，每一个字母都如同一颗愤怒的子弹，射向那些反动的腐朽的统治者。

你们，以下流和卑贱著称的先人孳生下的傲慢无耻的后代儿孙，

你们，用你们那奴隶的脚踵践踏蹂躏了幸运的角逐中败北的那些人们的踪迹！

你们，这蜂拥在宝座前的贪婪的一群扼杀自由、天才、光荣的屠夫啊！

你们躲在法律的荫庇下，

对你们公证和正义——一向是喋口无声！

但还有神的裁判啊，

荒淫无耻的嬖人！严厉的裁判等着你们；

他决不理睬金银的清脆声响，

他早已看透你们的心思和你们的行径。

那时你们想求助于诽谤也将徒然无用。

那鬼蜮伎俩再不会帮助你们，

而你们即使用你们那所有的污黑的血

也洗涤不净诗人正义的血痕！

这就是普希金的继承者、诗人莱蒙托夫悼念普希金的著名的《诗人之死》中的诗句。莱蒙托夫一针见血地指出，正是那"蜂拥在宝座前的贪婪的一群"杀死了普希金！

杀人凶手即使在人间逃避了惩罚，但天庭却不会轻饶他们。莱蒙托夫的诗篇表达了人民的心声，给专制政权以有力的打击，同时也激怒了统治者。像普希金一样，莱蒙托夫也被沙皇政府流放到俄罗斯的南方，但他的诗歌却永远铭刻在人民的心中。

在数以万计的悼念普希金的诗篇里，还有一位诗人的诗作永远被人们铭记，那便是丘特切夫的《一八三七年一月二十九日》。

从 1838 年开始，经过茹科夫斯基删节过的《普希金全集》开始出版，受到读者的热烈欢迎。19 世纪 40 年代，别林斯基在一系列论著中全面评价了普希金的创作，确定了普希金在俄国文学中的崇高地位。

别林斯基说，俄国文学是"从普希金开始的"。他指出：

"在普希金以前，却绝对没有俄国文学。只有从普希金的时代起，俄国文学才开始产生了，因为在他的诗歌中，我们可以感觉到俄国生活的脉搏在跳动。这已不是介绍俄国认识欧洲，而是介绍欧洲人认识俄国了。"

别林斯基的论断，得到俄国思想界和文学界的普遍认同。在普希金在世时"普希金流派"出现，普希金逝世后，这一流派即扩大到整个文学领域。一系列俄国大作家，如屠格涅夫、陀思妥耶夫斯基、列夫·托尔斯泰乃至契诃夫，都把普希金视为自己的老师。

普希金在人民的心中占有越来越重要的位置，这种崇高的位置是以往任何作家或诗人都不曾有过的。

1880 年，在莫斯科隆重举行了普希金铜像的揭幕典礼，数以万计的人拥向铜像坐落的普希金广场参加盛典。当时最负盛名的作家屠格涅夫和陀思妥耶夫斯基发表了热情洋溢的讲话。

屠格涅夫说：

"普希金，我再说一遍，他是我们的第一位诗人艺术家。他独自完成在别的国度要花费一个世纪或者更多的时间才能分开完成的两件工作：建立语言和创造文学。我们和我们的后代只需沿着他的天才所开辟的道路前进。"

此后，矗立着普希金铜像的普希金广场便成为人民表达自己意愿的圣地。每当社会生活中发生重大事件时，人们就会不约而同地涌向普希金广场，聚集在诗人的塑像旁边，仿佛是要向自己的诗人寻求精神力量的支援。而每当到了诗人诞辰或逝世的纪念日，人们又会不约而同地自觉自愿地前来给诗人献上鲜花，群众自发地悼念这样伟大的诗人。

西欧读者在普希金在世时就对他有所认识。当普希金还只有 23 岁的时候，法国的《百科大全》上就提到过普希金的名字。1837 年，波兰著名诗人、普希金的友人密茨凯维奇在悼念诗人的文章《普希金和俄罗斯文学运动》中向东欧读者介绍了普希金。

普希金的作品在西欧的传播，则是从 19 世纪中后期开始的。由于长期侨居在西欧的俄国著名作家、普希金的学生屠格涅夫的翻译和介绍，普希金的作品获得了西欧读者的赞赏，并在西欧读者面前打开了一个新的天地。

据屠格涅夫回忆，法国著名作家梅里美曾当着雨果的面，"毫不犹豫地把普希金称为自己时代的最伟大的诗人"。如今，普希金的作品几乎被译成欧美各种文字。

普希金作为文学艺术的强大推动者，对俄国艺术各个领域都产生了广泛影响。

许多伟大的作曲家都成为普希金作品的天才解释者。从格林卡和达尔戈梅斯基开始，经过穆索尔斯基、里姆斯基·科萨科夫、柴可夫斯基等人的演绎，俄国歌剧通过再现普希金的人物形象和题材逐渐成长、壮大，得到世界的承认。

天才的悲剧诗人为悲剧演员提供了丰富的素材。和诗人同时代的卡拉蒂金和莫恰洛夫都非常喜欢普希金剧中复杂而深刻的人物。后来，热情的叶尔莫洛娃和来自民间的斯特列佩托娃揭示了《女水妖》中磨坊老板女儿的整个悲剧形象。科米萨尔热夫斯卡姬再现出《瘟疫流行时的宴会》中的梅丽。卡恰洛夫塑造了唐璜的光辉形象。

擅长演独特角色的演员，也塑造了一系列第一流的舞台形象。例如，谢普金表演的名贵族；普罗夫·萨多夫斯基表演的莱波列洛；萨莫伊洛夫表演的僭王；达维多夫演的瓦尔辛加姆；瓦尔拉莫夫演的逃亡的修士；莫斯科文演的格里果里·奥特列皮耶夫等等。

俄国演员从普希金的戏剧中受到悲剧和节奏语言方面良好的训练。夏里亚宾为普希金作品的许多人物塑造出光辉的形象。

在普希金逝世100周年之际，苏联戏剧界涌现出大批新人，他们成功地表演了普希金剧中的人物形象。

普希金的创作为俄国画家提供了最为丰富的素材。在俄国文学史上，没有任何一位作家像最伟大的诗人普希金那样在绘画和版画方面得到最广泛的、充分的反映。为普希金作品作插图的有费多托夫、勃柳洛夫、克拉姆斯科依、列宾、苏里科夫、谢罗夫、弗鲁别尔、别努阿、比利宾、卡尔多夫斯基；在十月革命时代有库斯托季耶夫、多布任斯基、米特罗辛、库普里扬诺夫、克吉夫钦科、科纳舍维奇、鲁达科夫、库兹明、希任斯基、萨维茨基及其他人。

以普希金作品为题材作画的有索科洛夫·斯卡利亚、格拉西莫夫、什马里诺夫、马尼浑尔。为《青铜骑士》《叶甫盖尼·奥涅金》《黑桃皇后》《埃及之夜》作的许多插图和版画，都是造型艺术中的杰作。

普希金的作品还激发了装饰画大师们的灵感。例如，戈洛文、科罗文、西莫夫、法沃尔斯基、拉比诺维奇、德米特里耶夫以及其他人，在彩色鲜艳的大型布景中展现出普希金作品的世界，令人耳目一新。

普希金既是俄国雕塑的鉴赏家，又是俄国雕塑的创作对象和推动者。与他同时代的雕塑家维塔利、哈尔别尔格、捷尔宾耶夫，就曾塑造他的最早的半身像和全身像。稍后，由奥佩库申塑造的莫斯科普希金纪念碑和巴赫塑造的"学生时代的普希金"，得到了民众一致的好评。

诗人的名声不但传遍了"整个伟大的俄国"，而且在一切进步国家中得到反响。普希金是第一位以其创作证明了列宁后来提出的俄国文学具有世界意义的论点的作家。

普希金短暂而悲凉的一生，标志着俄国思想发展史和语言发展史上前所未有的转折。普希金不仅大大扩展了抒情诗的体裁，还创造了许多新的诗节。其诗句写得匀整、富于表现力，而且使俄语诗达到前人所未见的灵活和有力。

在俄国，从普希金开始，诗歌第一次成为政治讲坛。诗人对当时的一切现象都很关心，很敏感，用文字记录了整个社会的画面。当时的俄国社会受到法国革命思想的推动，又被"十二月党人"的风暴分为两个势不两立的营垒。

普希金作为艺术家和思想家，从历史中为眼前发生的政治斗争寻找依据。他在自己的作品中不断描写俄国历史上的传说，描写俄国人民的胜利斗争和英雄形象。然而，他作为真正的诗人所捍卫的，正是人民群众为之而奋斗的属于未来的宝贵历史遗产。

附 录

　　读书是最好的学习，追随伟大人物的思想，是富有趣味的事情啊！

——普希金

经典故事

从小就有平等的观念

普希金小时候，有一次和仆人去大街上玩。

仆人见一个贵族小男孩长得很可爱，就多看了几眼。不料，小男孩却很生气地骂道："狗奴才，看什么看？小心我揍你！"

男仆马上就不作声了。小普希金生气地对小男孩说："你怎么能骂人呢？这是不对的行为，你得给他道歉！"

男仆为了防止发生冲突，低下头对小普希金说："小主人，别生气。我本来就是奴才，向来是被人打骂惯了的。"

小普希金坚定地说："不，先生，您不是奴才，您和我们大家一样，都是上帝的儿子。上帝的儿子是没有贵贱之分的。您不用怕他，我来给您主持公道！"

小普希金要求和那个小男孩决斗。贵族男孩看见普希金态度强硬，也怕自己吃亏，只好不情愿地向那个仆人道歉。

伶牙俐齿的普希金

有一次，普希金参加贵族举办的舞会。他见舞会上有位漂亮的小姐，想请她跳舞。那位女士看普希金个头矮小，就嘲讽他说："对不起先生，我是不跟小孩儿跳舞的。"

普希金听出是在讽刺自己，不紧不慢地说："对不起，我确实不知道您怀了孩子。"说完，很绅士地离开了。只剩下那个娇气的小姐气得干瞪眼。

生活俭朴的普希金

普希金身为俄国著名诗人，虽然有钱，但生活很简朴。

一次，普希金在餐馆里遇到一位认识他的贵族。那人见普希金穿得寒酸，就借机羞辱他。他说："您就是著名的大诗人吧！一看您就知道您的口袋里都是巨额钞票。"

普希金轻蔑地说："当然了，我的确比您富裕。"那个贵族听了后连忙打开自己的钱包，亮出厚厚的钞票，说："看，这些钞票只是零钱，我每个月都能得到父亲给的一大笔进账。"

普希金说："你那钱虽多，也有花完的时候。我的钱是花不完的。"那人诧异地说："我听说您父亲也算不上有钱人啊，你怎么有花不完的钱呢？"普希金说："我从来不依靠自己的父母，我是依靠手中的笔墨。我和你是有本质区别的。"

充满创意的孩子

普希金很小就表现出文学天赋，但数学却极差。一次，数学老师讲解四则混合运算。开始，普希金还详细地做笔记。可老师在黑板上运算半天，结果竟然是零。

这让小普希金大跌眼镜。他觉得数学四则运算简直是在做无用功，以至于在计算四则运算时，他连想都不想，直接把结果写成"零"。

老师摇着头说："普希金啊，你怎么都把结果写成零呢？"普希金说："老师，我很认真听您讲解了三道题，演算的结果都是零。"

年　谱

1799 年 6 月 6 日，普希金生于莫斯科。

1811 年 10 月 19 日，皇村学校开学，普希金入学。

1814 年，普希金发表第一篇作品《致诗友》。

1815 年 1 月 8 日，普希金考试当着杰尔查文朗诵《皇村回忆》。

1817 年 6 月 9 日，普希金从皇村学校毕业。6 月 10 日，普希金被外交委员会录用。普希金发表长诗《自由颂》。

1819 年，普希金参加"绿灯社"集会，同年发表《乡村》。

1820 年 7 月，《鲁斯兰与柳德米拉》问世。

1821 年，发表《高加索的俘虏》《加甫利亚德》《短剑》。

1822 年，发表《强盗弟兄》《阿列格之歌》《囚徒》。

1823 年，完成《叶甫盖尼·奥涅金》的前两章、《巴赫寄萨莱喷泉》、《孤独的自由播种者》。

1824 年 6 月 8 日，普希金上奏皇上，申请退职。7 月 31 日，普希金再次被流放，移居米哈伊洛夫斯科耶村。8 月 9 日，到达米哈伊洛夫斯科耶村。10 月初，完成《吉卜赛人》《叶甫盖尼·奥涅金》第三章。

1825 年，完成《叶甫盖尼·奥涅金》第四章、《波里斯·戈都诺夫》、《浮士德一幕》。

1826 年 9 月 8 日，普希金受到沙皇尼古拉一世接见。9 月 10 日，在维涅维季诺夫家朗读《波里斯·戈都诺夫》。完成《叶甫盖尼·奥涅金》第五、第六两章部分内容和《先知》《致普辛》。

1827 年 1 月 27 日，创作《安德烈·雪尼埃》，受到莫斯科警察总监审讯。10 月 14 日，在扎拉兹车站同被捕的久赫里别克尔相遇。

完成《叶甫盖尼·奥涅金》第六章、《致西伯利亚》、《阿里昂》。

1828 年 8 月，彼得堡总督为《加甫利亚德》一诗审讯普希金。12 月 31 日，《加甫利亚德》一案由尼古拉一世作出裁决。开始写《波尔塔瓦》、《叶甫盖尼·奥涅金》第七章、《毒树》、《诗人和群众》。

1829 年，普希金向冈察洛娃求婚。5 月 1 日，普希金去高加索前线。6 月，在梯弗里斯游历，6 月 27 日，目击阿尔兹鲁姆被攻克。完成《在格鲁吉亚的群山上》《高加索》《当我漫步在喧闹的大街上》。

1830 年，参加戴里维格《文学报》的编辑工作。5 月 6 日，普希金订婚。8 月 31 日，去鲍尔金诺。12 月 5 日，重返莫斯科。完成《吝啬骑士》《莫扎特和沙莱里》《石客》《瘟疫流行时的宴会》《别尔金小说集》《戈柳辛村史》《科洛姆纳的一座小房》，《叶甫盖尼·奥涅金》的第九、十两章。

1831 年 2 月 18 日，普希金在莫斯科同冈察洛娃举行婚礼。5 月 25 日，普希金迁居皇村。10 月，普希金迁居彼得堡。

1832 年，完成《杜勃罗夫斯基》《女水妖》。

1833 年 8 月 20 日，为研究有关普加乔夫史的资料，离开彼得堡去喀山和奥连堡。10 月 1 日，普希金返回鲍尔金诺。完成《青铜骑士》《普加乔夫史》《渔夫和金鱼的故事》《死公主的故事》。

1834 年 5 月 25 日，普希金申请退职。完成《黑桃皇后》《西斯拉夫人之歌》《金公鸡的故事》。

1835 年，完成《统帅》《我又造访了》《彼得一世的盛宴》。

1836 年 4 月 11 日，《现代人》第一期出版。11 月 4 日，普希金收到匿名诽谤信。11 月 5 日，普希金向丹特士提出决斗。11 月 23 日，尼古拉一世接见普希金。完成《上尉的女儿》《纪念碑》。

1837 年 1 月 10 日，丹特士和冈察洛娃举行婚礼。1 月 26 日，丹特士向普希金提出决斗。1 月 27 日下午 16 时左右，普希金在决斗中被击中要害。1 月 29 日午后 2 时 45 分普希金逝世。

名　言

●没有幸福，只有自由和平静。

●希望是厄运的忠实的姐妹。

●假如生活欺骗了你，不要忧郁，也不要愤慨！

●读书是最好的学习，追随伟大人物的思想，是富有趣味的事情啊！

●人的影响短暂而微弱，书的影响则广泛而深远。

●爱惜衣裳要从新的时候起，爱惜名誉要从幼小的时候起。

●法律之剑不能到达的地方，讽刺之鞭必定可以达到。

●比海洋阔大的是天空，比天空阔大的是人的心灵。

●敏感并不是智慧的证明，傻瓜甚至疯子有时也会格外敏感。

●倾听着年轻姑娘的歌声，老人的心也变得年轻。

●凡是有着幸福的地方，那儿早就有人在守卫。

●等青春轻飘的烟雾把少年的欢乐袅袅甩去，之后，我们就能取得一切值得吸取的东西。

●当你的希望一个个落空，你也要坚定，要沉着！

●高出众人的罪恶，将被正义的一击所斩首。

●我不会完全死去，珍藏的竖琴中，灵魂不朽。

●统治者的脑袋之上，不会悬着人民的苦役。

●歌唱中的笑声越来越少，我们更多的是沉默和叹息。

●别叹息：这就是命运的规律。

●我带着残忍的欢喜，目睹你和儿女的灭亡。

●在这里，摆脱忙乱生活的镣铐，我在学习从真理中寻找幸福。

●在这里，少女鲜花一样开放，只是为了让无人性的恶棍玩弄。

●那处在不义之位的恶人或蠢人，他们的命运我不羡慕。

图书在版编目(CIP)数据

普希金 / 方士娟编著. --北京:中国社会出版社,2012.6
(2022.6 重印)
(世界名人非常之路)
ISBN 978 - 7 - 5087 - 4046 - 1

Ⅰ. ①普... Ⅱ. ①方... Ⅲ. ①普希金,A.S.(1799~1837) - 生平事迹 Ⅳ. ①K835.125.6

中国版本图书馆 CIP 数据核字(2012)第 099851 号

出 版 人：浦善新	策划编辑：侯 钰
责任编辑：侯 钰	封面设计：张 莉

出版发行：中国社会出版社　　　地　　址：北京市西城区二龙路甲 33 号
邮政编码：100032　　　　　　　编 辑 部：(010)58124867
网　　址：shcbs.mca.gov.cn　　发 行 部：(010)58124866
经　　销：各地新华书店

印刷装订：北京华创印务有限公司　　开　本：170mm×240mm 1/16
印　张：13　　　　　　　　　　字　数：200 千字
版　次：2012 年 6 月第 1 版　　　印　次：2022 年 6 月第 4 次印刷
定　价：49.80 元

中国社会出版社微信公众号　　　　　　中国社会出版社天猫旗舰店